W0365523

Abenteuer mit den Sternen

Abenteuer mit den Sternen

Infos für Sternenbotschafter und Friedens –Troubadoure

Ashtar, die Galaktische Föderation des Lichts
und Christine Stark

ch.falk-verlag

Es wird in diesem Buch sehr häufig auf die vorhergehenden Bücher der Autorin hingewiesen. Wir führen sie hier zu Ihrer Information auf:

Buch 1: „Erste Hilfe“ für Gaia & ihre Kinder
ISBN 978-3-938814-31-4

Buch 2: „Erste Hilfe“ für Lichtarbeiter
ISBN 978-3-938814-33-8

Buch 3: „Erste Hilfe“ für Gaia & ihre Kinder, Bd 2
ISBN 978-3-938814-49-9

Sie alle sind im Verlag EFT-Edition erschienen und dort unter:
www.eft-edition.com oder über office@eft-edition.com zu beziehen.

Originalausgabe

Umschlaggestaltung: Dirk Gräßle
Satz und Druck: Druckerei & Verlag Steinmeier, Deiningen

Printed in Germany
ISBN 978-3-89568-291-9

INHALT

5. Teil Die Vorstellungsrunde

6. Teil Sondermeldung

7. Teil Hinter den Kulissen

Anhang

Vorwort

Gebrauchsanleitung für Abenteurer

(Christine)

Liebe Leserin, lieber Leser,

bitte noch einen Moment Geduld! Ich weiß, Sie können es kaum abwarten, das neue Buch der Galaktischen Föderation des Lichts zu lesen und in die „Abenteuer mit den Sternen“ einzutauchen – aber ich möchte Sie warnen: Es ist nicht das, was Sie denken!

Klar, dass hier Ashtar zu Wort kommen wird – und selbstverständlich geht es hier um unsere kosmischen Freunde und unsere galaktischen Familien des Lichts! (Mehrzahl bitte!)

Aber wenn Sie dachten, dass Sie hier einfach „Buch 4“ aufschlagen und sich dann gemütlich zurücklehnen können, um von fremden Abenteuern zu lesen, sind Sie auf dem falschen Lichtschiff!

Natürlich hat Ihre Intuition Sie geleitet und Sie halten entsprechend dem kosmischen Resonanz-Gesetz genau das Buch in der Hand, das jetzt unbedingt von Ihnen gelesen werden möchte – aber es ist mehr. Viel mehr!

Sie werden bereits erwartet! Nicht nur von dem neuen Buch, sondern von den galaktischen Familien des Lichts – und ganz besonders von Ashtar selbst! Denn es ist dringend. Es geht um einen neuen Auftrag und Sie werden gebraucht!

Zu meiner Entschuldigung muss ich sagen, dass auch ich all das erst relativ spät gemerkt habe, denn Ashtar und seine Freunde lieben es, mich zu überraschen. Ganz besonders dann, wenn ein neues Manuskript von ihnen das Licht der Welt erblickt.

Damit Sie gleich von vornherein wissen, worum es geht, und bereits vor dem Lesen der weiteren Seiten gewappnet sind, will ich es Ihnen genauer erklären:

„Normales Lesen" und „Wohlfühlen" war gestern! Hier geht es um mehr – genauer gesagt – um viel mehr! Ashtar war so freundlich, in seinem eigenen Vorwort wenigstens andeutungsweise darauf hinzuweisen.

Aber ich denke, dass es besser ist, gleich zu Beginn mit der Sprache herauszurücken. Sonst übersehen Sie den wichtigen Nebensatz aus Ashtars Vorwort möglicherweise noch. **Hier geht es nämlich um Ihren neuen Auftrag!**

Das haben Sie nun davon, dass Sie dieses Buch gekauft haben! Nichts als Arbeit! – Nun, so ganz stimmt das nicht. Denn es handelt sich um **eine hohe Ehre**, die Ihnen hier zuteil wird. Arbeit schon, aber **eine sehr ehrenvolle Arbeit**, die man sich nicht selbst aussuchen kann. Man wird von ihr ausgesucht! Genauer gesagt, man wird dazu berufen!

Ich weiß, ich rede hier etwas um den heißen Brei herum, aber es galt zunächst, Sie neugierig zu machen und Sie so vorsichtig wie möglich auf Ihre neue Aufgabe einzustimmen. Man soll ja nicht *„mit der Tür ins Haus fallen"*, wie meine Mutter immer sagte.

In diesem „Buch 4" geht es um Ihren Auftrag und **Ihre Ernennung zum Sternenbotschafter.**

Das haben Sie nun davon, dass Sie so neugierig waren! Und doch war dies nötig. Denn genau diese Neugier, diese Abenteuerlust auf etwas noch nie Dagewesenes qualifiziert Sie für Ihre Berufung! Genau sie ist der Grund dafür, **warum die Galaktische Föderation des Lichts genau Sie ausgesucht hat für dieses Amt!**

Sie sollten wissen: Ashtar und die Galaktische Föderation des Lichts haben dieses gesamte Buch aus dem einzigen Grund verfasst, um Ihnen, liebe Leser, hiermit die notwendigen Informationen für Ihre neue Aufgabe zu Verfügung zu stellen. Ist das nicht cool?

Ich weiß, es kommt etwas überraschend für Sie alle – aber *„Sie werden das Kind schon schaukeln!“* Und es ist ganz gewiss kein Zufall, dass genau Sie genau dieses Buch hier jetzt in Händen halten!

Ich selbst bin sehr glücklich darüber, dass Sie es gefunden haben. Oder vielmehr, dass dieses Buch Sie gefunden hat.

Hier nun zunächst ein paar kurze Informationen zu diesem Buch.

Ashtar und ich sind diesmal die beiden einzigen „Referenten“, die hier zu Wort kommen.

Ashtar liefert die Theorie – und ich die Praxis! Meine Aufgabe wird darin bestehen, Ihnen mit selbst erprobten Beispielen als Vorbild zu dienen und Sie zu ermutigen, *„einfach Sie selbst zu sein“*.

In Teil 1 „An die Sternenbotschafter“

informiere ich Sie über Ihren neuen Aufgabenbereich: Warum gerade Sie ausgewählt wurden, was von Ihnen erwartet wird – und Sie werden rituell in Ihr neues Amt eingeführt.

Herzlichen Glückwunsch übrigens, denn es ist wirklich eine hohe Ehre!

Mit Teil 2 „Startklar für das Familientreffen“

übernimmt Ashtar das Wort. Als guter Chef seiner Bodentruppen knüpft er zunächst an Ihre bisherige Aufgabe als Erdheiler an und gibt Ihnen hierbei gleich noch die wichtigsten Updates über die veränderten Rahmenbedingungen für Erdheilung weiter.

Damals, bei unserem zweiten Seminar für Erdheilung, das am 19. März 2016 stattfand, war dies zunächst nur mündlich möglich. Zu schockierend wären diese brisanten Informationen damals noch für die meisten Menschen gewesen. Beachten Sie an dieser Stelle bitte unbedingt die Sicherheitshinweise in Kap. 9!

Ich selbst habe erst spät verstanden, dass unser Projekt „Heilung der Erde“ selbst zu den wichtigsten „Abenteuern mit den Sternen“ zählt, die wir gemeinsam mit unseren kosmischen Freunden erleben können.

In Teil 3 „0017 – under cover“
beginnt Ashtar mit seinen speziellen Unterweisungen für Sternenbotschafter. Theoretische und praktische Hinweise wechseln sich ab. Bei Letzteren handelt sich um ganz echte, reale Begegnungen in „3D“, die ich mit kosmischen Freunden erleben durfte. Sie werden staunen! Aber verraten wird nichts!

Nur soviel noch: Es ist auch dieses Mal sinnvoll, das Buch der Reihe nach zu lesen! Denn die Kapitel bauen aufeinander auf und wurden von mir genau in dieser Reihenfolge erlebt und im Tagebuch notiert.

Im 4. Teil „Die Arbeit beginnt“
habe ich einige Erfahrungen für Sie zusammengefasst, deren Essenz für Ihre Arbeit als Sternenbotschafter wesentlich zu sein scheint. Sie waren, ehrlich gesagt, nicht besonders angenehm für mich, werden Ihnen aber helfen, wenn Sie in eine ähnliche Situation kommen.

Im 5. Teil „Die Vorstellungsrunde“
informiert Ashtar Sie über die Sternennationen, die ich selbst bereits kennenlernen durfte und aus denen sich auch seine Crew zusammensetzt. Ashtar hatte nicht die Absicht, ein Kompendium über

Sternenvölker zu verfassen. Wichtiger war ihm, mit einprägsamen Bildern und Assoziationen Ihr Herz zu berühren. Seine liebevollen Schilderungen sollen hier dazu beitragen, unsere galaktischen Familien als vertraute Freunde wahrzunehmen.

Im 6. Teil „Sondermeldung"
nützt Ashtar die Gelegenheit, Sie noch einmal über neueste Erkenntnisse zum Thema „Gehirn-Manipulation" zu informieren, über die Sie für eine erfolgreiche Arbeit als Heiler der Erde, aber auch als Sternenbotschafter Bescheid wissen müssen. Auch hier wurde ich noch einmal durch brisante Erfahrungen geführt, an denen Sie „abgucken" können.

Im 7. Teil „Hinter den Kulissen"
geht es um weitere wichtige Erkenntnisse zu Cyber-Manipulationen, die mir erst kurz vor Fertigstellung des Manuskriptes bewusst wurden.

Anhang
Hier erzähle ich Ihnen die Entstehungsgeschichte des Buches, die genau wie bei meinen vorigen Büchern ein Abenteuer für sich war.

Ich hoffe, ich habe Sie neugierig gemacht, das Wagnis einzugehen und sich Ihrem Auftrag zu stellen, der schon lange in Ihrem Seelenplan verankert gewesen ist. Viel Glück und „Volle Kraft voraus!"

Mit herzlichen Grüßen,
Christine Stark

Vorwort 2

„Vertraute Freunde"

(Ashtar)

Geliebte Christine,

geliebte Tochter des Lichts, Ashtar spricht!

Du hast dich bereits daran gewöhnt, dass wir dir das Vorwort für unsere Bücher meist erst am Ende des Manuskripts durchgeben. So ist es auch diesmal GÖTTLICHE ORDNUNG hat nichts mit von Menschen geplanter Reihenfolge gemein!

Auch eure Bibel kennt den Spruch: *„Die Letzten werden die Ersten sein!"* Viel Weisheit liegt darin und es bedeutet, dass die Dinge sich aus göttlicher, übergeordneter Sicht vollkommen von dem unterscheiden, was die Erdlinge aus ihrer „Ameisenperspektive" wahrnehmen.

Auch dieses vierte gemeinsame Buch mit der Galaktischen Föderation des Lichts erfordert eine übergeordnete Sichtweise, um zu erkennen und zu verstehen.

Noch ist Christine sich nicht so ganz sicher, worauf ich hier in meinem Vorwort hinauswill.

VERTRAUEN ist gefragt – und GEDULD – und eine gehörige Portion SELBSTVERTRAUEN – VERTRAUEN also in die eigene Intuition und in das, was ihr die „Innere Stimme" nennt, gepaart mit einer gewissen Unsicherheit, die aus der DEMUT erwächst.

Dies sind die Eigenschaften derer, die wir in diesem „Buch 4" mit Hilfe unserer Informationen auf ihre neue Aufgabe als „Sternenbotschafter" vorbereiten.

Denn genau das ist unser ZIEL:
Wir brauchen Menschen – besser gesagt: Wir brauchen euch, geliebte Führungsoffiziere des Bodenpersonals, um jetzt eure vielleicht **wichtigste Aufgabe** von all euren bisherigen Inkarnationen zu übernehmen.

Die Zeit ist reif und **die Landungen unserer Lichtschiffe haben schon längst begonnen!**

Noch ahnen die normalen Erdlinge nicht wirklich, was die Uhr geschlagen hat – und sie werden es wahrscheinlich als letzte bemerken.

Denn noch sind unsere Lichtschiffe unsichtbar für euch! Ihr selbst könnt sie an der veränderten Energie wahrnehmen, dort, wo die Luft „anders" zu sein scheint. Doch auch das könnt ihr nur ahnen, wenn ihr offen seid für diese Veränderung.

Gestern erst fuhr Christine wieder durch einen kleinen Ort im Taunus, den auch die Teilnehmer ihrer Seminare kennen, und während sie an der roten Ampel anhalten musste, schaute sie auf die beiden hohen Gebäude vor sich.

Und plötzlich wusste sie: *„Auf dem Flachdach des linken Gebäudes ist ein Lichtschiff geparkt."* Schon sah sie, auf welche Weise die kosmischen Freunde den Höhenunterschied bis zur Straße überwanden. Und rechts? Nichts! Die Energie hätte nicht gepasst für uns.

Da war nicht der geringste Zweifel! Sie „wusste" es einfach – und wir spielten ihr weitere informative Bilder ein. Und plötzlich war da eine so immense Freude in ihrem Herzen, wie auch ihr, geliebte Freiwillige unseres Bodenpersonals auf GAIA, sie so gut kennt.

Es war die Energie von „zu Hause", die Christines Herz voller Entzücken wahrnahm.

Ja, es ist wahr: Wir sind bereits unter euch! Manchmal in inkarnierter Form, manchmal in höherer energetischer Frequenz und daher unsichtbar.

Für Christine, die nun doch etwas erstaunt war gestern, fühlte es sich gleich danach „ganz normal“ an. Bereits zu Beginn ihres Seminars am 21. Mai 2016 hatte sie auf allen umliegenden Hügeln des Taunus unsere Lichtschiffe wahrgenommen – und auch auf den umliegenden Hochhäusern selbst.

Dass wir die Veranstaltung schützen würden, die an diesem Tag mit den Heiler-Ärzten von ARKTURUS zusammen stattfinden würde, war ihr klar gewesen. Hier aber war es ein ganz normaler Tag und doch waren wir da! Natürlich hatte es seinen Grund.

Aber diesmal erkannte Christine, dass es sich anders anfühlte. Bisher war es immer etwas ganz Besonderes gewesen, wenn sie uns bemerkt hatte. Und jetzt war es plötzlich normal. So, als ob Freunde aus Frankreich zu Besuch kommen oder als ob sie selbst nach USA fliegt.

Etwas hatte sich verändert. Es war das Gefühl, dass wir „Nachbarn“ sind, Freunde und auch „Familie“. Da war kein großer Unterschied mehr spürbar – denn in Wahrheit sind wir alle eins!

Sie konnte die LIEBE zwischen uns spüren und die VERTRAUTHEIT, obwohl sie gar nicht so genau wusste, wer da alles an kosmischen Neuankömmlingen in unserem Lichtschiff gelandet war.

Lasst die LIEBE zu und spürt auch ihr die VERTRAUTHEIT und die FREUDE, wenn wir uns als Freunde wiederbegegnen!

In LIEBE und LICHT

ICH BIN Ashtar,
gekommen, euch zu dienen.

1. TEIL
AN DIE STERNENBOTSCHAFTER

Kap. 1 Das Versprechen

(Christine)

Liebe Leserin, lieber Leser,

als Ashtar mich vor kurzem bat, das vorliegende Manuskript fertigzustellen, freute ich mich sehr. Es ist immer etwas ganz Besonderes, ein neues Buch auf den Weg zu bringen – und noch dazu zusammen mit der Galaktischen Föderation des Lichts!

Nie hätte ich mir das träumen lassen. Aber es ist auch ein Abenteuer. Denn es ist nie so ganz sicher, was dabei entsteht. Etwas „Wunder – volles" natürlich, das ist klar. Weniger klar ist dann allerdings, wie sich meine kosmischen Co – Autoren das Ergebnis vorstellen.

Denn schließlich bekomme ich das Manuskript nicht einfach so diktiert. Und wenn meine galaktischen Freunde und meine „himmlische Redaktion" mir schon den einen oder anderen Text ins Ohr sagen, so doch nie komplett mit fertigem Inhaltsverzeichnis! Es ist immer ein Abenteuer!

Welches Abenteuer für Sie hier mit dem Lesen beginnt, werden Sie schon sehen! Im Grunde sind es eine ganze Reihe von Abenteuern, die Sie hier beim Lesen Ashtars und meiner Worte miterleben werden – aber dann fängt es erst richtig an! Auch ich habe das erst jetzt so richtig erkannt!

Sie machen ihre Sache schon gut, unsere lieben Freunde von der Galaktischen Föderation des Lichts! „*Niemals mit der Tür ins Haus fallen*", wie meine Mutter immer sagte, wenn es jemand wieder einmal nicht abwarten konnte.

Nein, unsere Galaktischen Familien fallen ganz gewiss nicht „mit der Tür ins Haus". Das wäre für uns alle, ganz besonders aber für sie selbst, kontraproduktiv. Schließlich wollen sie uns mit ihrem Erscheinen und dem Wissen von ihrer Existenz ja nicht erschrecken!

Immer schön achtsam sein und nur so schnell vorangehen, wie es der oder die Andere verträgt. Das ist die Grundregel für längerfristige kosmische Bekanntschaften und die Wiederaufnahme freundschaftlicher Beziehungen mit unseren galaktischen Familien.

Diese Grundregeln der vorsichtigen Annäherung sollten auch Sie sich zu eigen machen, denn dieses Abenteuer-Buch wird nicht spurlos an Ihnen vorübergehen. Sie werden schon sehen!

Auch wenn Sie denken: „*Ich weiß doch schon, dass es unsere kosmischen Freunde gibt, und ich weiß, dass meine galaktische Familie darauf wartet, wieder mit mir Kontakt aufzunehmen, – und jetzt freue ich mich darauf, mich auf die Abenteuer einzulassen, die Christine da wieder erlebt hat.*"

Das, liebe Leser, ist nur **der Anfang Ihrer eigenen Abenteuer**! Und falls Sie vielleicht auch dies geahnt hatten – dies ist nur **der Anfang Ihrer Bestimmung!**

Ashtar und die Galaktische Föderation des Lichts schreiben nicht einfach nur ein Buch über sich und ihre „Welt". Sie verbinden damit eine konkrete Absicht!

Es geht um **Ihre neue Aufgabe** und um den Auftrag, für den Sie hier auf die Erde gekommen sind! Und es geht um Ihren Dienst für

GAIA! Mehr aber noch geht es um das Versprechen, das Sie Ihren galaktischen Familien gegeben haben.

Bevor Sie, als die wundervollen Sternenwesen, die Sie in Wahrheit sind, hier auf die Erde kamen, um GAIA und ihren Kindern beim Übergang in eine neue Zeit zu helfen, haben Sie alle versprochen,

- GAIA und ihren Kindern zu helfen
- sie zu schützen
- und all ihr Wissen und all Ihre Fähigkeiten dafür einzusetzen, dass unsere schöne Neue Welt entstehen kann.

Sie sind gekommen, GAIA und ihre Kinder zu heilen und alles wieder in GÖTTLICHE ORDNUNG zurückzuführen, damit endlich das Neue entstehen kann, nach dem wir alle uns schon so lange sehnen.

„Heiler der Erde sein“ – das ist klar. Soweit kannten Sie Ihren Auftrag bereits. Aber das war nicht alles! Die Zeit ist gekommen, einen Schritt weiterzugehen und sich auch Ihres zweiten Versprechens zu erinnern:

„Sternenbotschafter sein“, ist die wahre Mission, die es von nun an zu erfüllen gilt! Die Zeit ist reif und Sie werden gebraucht! Bitte erinnern Sie sich! Sie alle haben es versprochen!

Es geht darum, unsere Mitmenschen ebenfalls an ihre wahre Herkunft zu erinnern. Denn auch sie, die hier um uns herum leben, kommen von den Sternen. Doch die Menschen, mit denen wir, Sie und ich, es jeden Tag zu tun haben, haben keine Ahnung davon.

Keine Angst! Auch Sie sollen nicht „mit der Tür ins Haus fallen“! Alles schön nach und nach, Schritt für Schritt. Welche Schritte es sein sollen, dabei wird Ihnen dieses Buch helfen. Denn genau dafür ist es gedacht!

Ehrlich gesagt: Auch ich hatte zunächst wieder mal keine Ahnung davon, als Ashtar Ende März dieses Jahres auf einer weiteren USA-Reise damit begann, mir Texte für dieses neue „Buch 4“ durchzugeben.

Aber jetzt ist es ganz klar:
Natürlich geht es darum, Ihnen authentisches Wissen über unsere kosmischen Freunde und unsere galaktischen Familien weiterzugeben!

Und natürlich bin ich wieder einmal in die abenteuerlichsten Situationen gelockt worden, um Ihnen später ganz konkret von meinen Erfahrungen zu berichten. – Unfassbar, was mir auf dieser Reise alles passiert ist – Sie werden schon sehen! „Abenteuer mit den Sternen“ eben!

Aber das alles dient nur dem einen großen ZIEL:
Es geht darum, Sie fit zu machen für **Ihre neue Rolle als Sternenbotschafter**!

Das neue Buch der Galaktischen Föderation des Lichts wird Ihnen all das **Basiswissen** und all die **Hintergrundinformationen** zur Verfügung stellen, die Sie brauchen werden für Ihre neue Aufgabe.

Das Abenteuer beginnt. Freuen Sie sich darauf!

Mit herzlichen Grüßen,
Christine Stark

Kap. 2 Sternenbotschafter sein

(Christine)

Liebe Leserin, lieber Leser,
ich kann mir vorstellen, dass Ihre Berufung zum Sternenbotschafter eine Überraschung für Sie war. Aber Sie glauben doch wohl nicht, dass Ashtar und Co. sich die Mühe machen, ein weiteres Buch zu schreiben, wenn dies nicht wichtig wäre?

Ehrlich gesagt, auch ich hatte mir darüber bisher keine allzu großen Gedanken gemacht. Ich fand es einfach einen genialen Titel für ein Buch: „***Abenteuer mit den Sternen***". Und dann noch der Untertitel: „*Informationen und Berichte über die galaktischen* *Familie*n *des Lichts*"*!** In der Mehrzahl bitteschön!

„*Cool*" dachte ich! Das wird spannend. Denn es wird schließlich Zeit, etwas mehr darüber zu erfahren, wer uns da ständig so liebevoll unterstützt bei der Heilung von GAIA! Drei „Erste Hilfe"-Bücher hatten Ashtar und meine kosmischen Freunde bereits mit mir auf den Weg gebracht.

Und jetzt also ein „Abenteuer-Buch"!

Eben erst habe ich verstanden, dass es sich auch bei diesem Buch um eine Art „Erste Hilfe"-Buch handelt! Nur eben nicht für „Notfälle", sondern **als Vorbereitung auf Ihre so besondere Mission als Sternenbotschafter!**

Glücklicherweise brauchen Sie hierfür keine diplomatische Ausbildung! Nichts gegen Diplomaten im Allgemeinen – aber die übliche Art von Diplomatie wäre für Sie und Ihre neue Berufung eher ungeeignet.

---

* Das hat sich später geändert.

Seien Sie einfach Sie selbst!
Ich weiß: Schwieriger geht es nicht! – Aber Sie sollten wissen, dass Sie genau richtig sind, wie Sie sind. Gerade weil Sie authentisch und ehrlich sind, gerade weil Sie Ihre Gedanken und Gefühle hinterfragen und dann offen zum Ausdruck bringen, sind Sie die perfekte Wahl für diese Mission!

Und natürlich auch, weil Sie mutig sind und vor keiner Herausforderung zurückschrecken! Weil Sie sanftmütig sind, sich nicht auf unnötige Streitereien einlassen und auch mal den Mund halten können, wenn Widerworte nichts bringen würden!

Kurzum: Ashtar und die Galaktische Föderation des Lichts sind absolut überzeugt davon, dass Sie genau richtig sind für diese Aufgabe! **Großer Segen liegt auf Ihnen und eine „Wunder"-volle Zeit erwartet Sie!**

Sie werden von Ihrer Überzeugung sprechen dürfen, dass es unsere kosmischen Freunde gibt, dass sie uns helfen und uns wohlgesinnt sind.

Sie werden von Ihren eigenen Erfahrungen mit Ihrer galaktischen Familie berichten und davon, wie wundervoll es ist, ihre LIEBE zu spüren.

Und natürlich können Sie auch die Geschichten weitererzählen, die ich Ihnen aus eigenem Erleben zur Verfügung stelle. Sie werden es schon richtig machen! Davon bin ich überzeugt! Nur Mut!

Sie wissen doch: *„Mut ist nicht die Abwesenheit von Angst, sondern die Gewissheit, dass etwas anderes wichtiger ist als die Angst!"*

Mit herzlichen Grüßen,
Christine Stark

Kap. 3 Die Ernennung

(Christine)

Bevor ein Botschafter seinen Dienst antritt, ist es üblich, ihn mit einer feierlichen Ernennung in sein Amt einzuführen. Sie wissen bereits, was man von Ihnen erwartet, und Sie haben auch verstanden, dass Sie hierfür bestens qualifiziert sind. Gerade weil Sie sich nicht so fühlen!

Gerade diese gewisse Unsicherheit, die Sie nicht so ganz verbergen können, macht Sie liebenswert und ist die Garantie dafür, dass Sie genau richtig sind für Ihre neue Aufgabe!

Jetzt aber ist es an der Zeit, Ihnen auch **die Vollmacht** zu übertragen, **die Sie berechtigt, Ihre Bestimmung auch auf diese Weise zu leben.** Diese Vollmacht wird Ihnen zum einen

- von der Galaktischen Föderation des Lichts übertragen,
- zum anderen ist sie in Ihrem Seelenplan verankert,
- aber die eigentliche Vollmacht erfolgt durch GOTT und GÖTTIN!

Es ist nun schon Tradition, dass ich alle meine Seminare mit einem Lieblingstext aus dem heiligen Buch „Ein Kurs in Wundern“ beginne. Anscheinend will auch Ihre Ernennung zum Sternenbotschafter mit genau diesem Text abgeschlossen werden.

Bitte spüren Sie die Macht dieser Einweihung, wenn Sie die folgenden Worte lesen:

„Du bist heute der Bote Gottes.
Du bringst Sein Glück
zu allen, die Du erblickst,
und Seinen Frieden zu jedem,
der dich anblickt

und Seine Botschaft
in deinem glücklichen Gesicht sieht.

ER wird da sein.
Du bist wesentlich für Seinen Plan.
Du bist heute Sein Bote.
Und du musst finden,
was du nach Seinem Willen geben sollst.

Und IHM antwortest du jedesmal,
wenn du dir sagst,
dass du wesentlich bist
für Gottes Plan
zur Erlösung dieser Welt."

(Ein Kurs in Wundern, Übungsbuch, Lektion 100, Vers 6 und 10)

Kap. 4 Das Amt annehmen und die Berufung leben

Liebe Sternenbotschafter,

vielleicht sollte ich Sie warnen: Ihr neues Amt ist nichts, was man so nebenher ausüben kann. Entweder ganz oder gar nicht. Ashtar scheint hier gerade die Zügel in die Hand zu nehmen, denn ich spüre eine gewisse Strenge in den Worten, die ich Ihnen jetzt weitergeben soll.

Es geht nicht darum, Sie zu verschrecken. Sie sollten sich aber der Tragweite Ihrer Verantwortung deutlich bewusst sein, wenn Sie sich bereiterklären, diesen Auftrag anzunehmen und Ihre Berufung voll und ganz zu leben!

Sie sollen nicht missionieren – das ganz gewiss nicht. Es geht vielmehr darum, mit dem Herzen dabei zu sein und aus vollem Herzen das weiterzugeben, was Ihnen an Wissen über unsere kosmischen Freunde zuteil wird.

Bitte seien Sie sich immer bewusst: Sie bekommen all diese Wunder geschenkt und Ihnen werden all diese Einsichten aus dem einzigen Grund zuteil, damit Sie etwas daraus machen.

Das, was Ihnen hier in diesem Buch – und weiterführend auch in Ihrem Leben – bewusst wird, ist zu kostbar, um es für sich zu behalten!

Nur wenn wir das, was uns gegeben wird, auch anwenden – in Übereinstimmung mit SPIRIT zum höchsten Wohle von Allem-WasIst –, werden wir weiter mit diesen besonderen Informationen versorgt. Das sollte Ihnen schon klar sein!

Ich weiß: Jeder von Ihnen, der dieses Buch in Händen hält, ist sich seines Auftrages bewusst und folgt seiner Bestimmung und seinem Seelenplan. Und doch ist es manchmal wichtig, dies noch einmal ganz deutlich zu machen.

Es ist Ihr heiliger Auftrag! Genau dies ist das „Wesentliche", für das Sie alle gekommen sind: um die Lügen über unsere kosmischen Geschwister und unsere galaktischen Familien zu beenden und zu sagen: *„Es gibt sie! Sie sind bereits hier und sie warten darauf, dass wir sie erkennen und in die Arme schließen!"*

Sie werden Ihre Sache gut machen, des bin ich gewiss. Genauso, wie Sie bisher für die Heilung von GAIA und unsere schöne Neue Welt gearbeitet haben, werden Sie auch als Sternenbotschafter wunderbare Arbeit leisten und jederzeit genau wissen, was zu tun ist.

Und doch ist es erforderlich, dass Sie sich Ihrer Verantwortung voll bewusst sind und Ihre Ernennung auch ganz rituell annehmen, indem Sie sich verpflichten!

Wieder bin ich gebeten worden, auch hier heilige Worte aus dem Buch „Ein Kurs in Wundern" zu wählen, mit denen Sie Ihre Verpflichtung in aller Form bestätigen. Ich möchte Sie bitten, die folgenden Worte laut und feierlich auszusprechen. Denn:

GOTT und GÖTTIN bitten Sie, hiermit Ihr heiliges Amt als Sternenbotschafter anzunehmen und zu bestätigen:

„Ich bin nur hier,
um wahrhaft hilfreich zu sein.

Ich bin hier,
um IHN zu vertreten,
der mich gesandt hat.

Ich brauche mich nicht zu sorgen,
was ich sagen oder tun soll,
denn ER wird mich führen.

Ich bin zufrieden,
dort zu sein, wo immer ER es wünscht,
in der Erkenntnis,
dass ER mit mir dorthin geht.

Ich werde geheilt,
indem ich mich von IHM lehren lassen,
wie man heilt!"

(Ein Kurs in Wundern, Textbuch II/18)

Kap. 5 Eine heilige Aufgabe

(Christine)

Immer deutlicher wird es für mich, dass auch mit Ihrer Mission als Sternenbotschafter ein **Heilungsauftrag** verbunden ist. Es scheint sehr wichtig, Ihnen auch diese Erkenntnis weiterzugeben.

Aller Schmerz entsteht aus Trennung und aus dem Irrtum, getrennt zu sein. Wir aber sind in Wahrheit alle eins! Je deutlicher wir erkennen, dass wir nicht alleine sind und dass wir nicht die einzigen Lebewesen im Universum sind, desto eher werden wir uns auch unserer wahren Natur als göttlich-geistige Wesen bewusst!

Ihre Aufgabescheint es zu sein, dieses Wissen um unsere kosmischen Freunde und unsere Galaktischen Familien als heiliges, heilsames Wissen in die Welt zu tragen. Sie brauchen nicht über diesen Zusammenhang zu sprechen, den ich eben selbst erst erkannt habe.

Wichtig ist einfach, dass Sie sich dessen bewusst sind! Immer wenn ein Irrtum berichtigt wird und die GÖTTLICHE WAHRHEIT ans Licht kommt, geschieht HEILUNG!

Genau hierfür sind Sie alle gekommen! Um die alten Verbindungen innerhalb der galaktischen Familien wiederherzustellen und zu heilen!

Welch eine gesegnete Zeit, dies erkennen und dafür wirksam sein zu dürfen! Das Wahre ist immer ganz einfach. Es geschieht wie von selbst, wenn die Zeit reif ist.

„Der Heilige Geist weht, wo ER will", heißt es.

Genau dieser Heilige Geist ist es, der untrennbar mit Ihrem eigenen großen Goldenen Engel, Ihrem heiligen ICH BIN, verbunden ist und Sie in allem unterstützen wird, das in Übereinstimmung mit SPIRIT und zum höchsten Wohle von AllemWasIst geschieht.

Vertrauen Sie darauf! Sie werden „geführt", wie auch ich geführt wurde, all diese Abenteuer mit unseren Sternengeschwistern zu erleben und jetzt hier für Sie all diese Worte zu schreiben!

Sie spüren genau, dass es nicht meine Worte waren, mit denen ich hier zu Ihnen von Ihrer heiligen Aufgabe gesprochen habe.

Genauso werden auch Ihnen die richtigen Worte gegeben werden zur rechten Zeit. Denn:

„Alles, was ich brauche,
wird mir gegeben.
Alles, was ich wissen muss,
wird mir gesagt.
ICH BIN immer zur richtigen Zeit
am richtigen Ort!"

Mit herzlichen Grüßen,
Christine Stark

Kap. 6 Die gute Absicht allein genügt nicht

(Christine)

Liebe Leserin, lieber Leser,

die Galaktische Föderation des Lichts lässt Ihnen durch mich für Ihren großen Mut, Ihre Bereitschaft und Ihre Treue danken, mit der Sie sich hier Ihrer Mission stellen und Ihre Berufung annehmen, als Sternenbotschafter hilfreich zu sein.

Ich hoffe, Sie alle haben sich inzwischen von Ihrem Schreck wieder erholt. Denn eigentlich wollten Sie doch in diesem „Buch 4“ einfach mehr über unsere kosmischen Freunde erfahren. Und dann das!

Seien Sie versichert, all diese Informationen warten bereits auf Sie! Und was für welche! Auch ich hätte mir niemals träumen lassen, dass Ashtar und Co. sich tatsächlich ganz real „zum Anfassen“ vor mir materialisieren würden! – Aber davon später mehr.

Hier geht es jetzt schön der Reihe nach weiter mit den Informationen, die Ashtar und meine kosmischen Co-Autoren für ihre Sternenbotschafter für unverzichtbar halten. Denn: Die „gute Absicht“ allein genügt nicht.

Und da jeder von Ihnen auch weiterhin noch seine Aufgaben als Heiler der Erde zu erfüllen hat, hat Ashtar beschlossen, Ihnen zunächst auch hierfür die wichtigsten „Updates“ zur Verfügung zu stellen.

Nicht jeder von Ihnen hatte die Gelegenheit, sich im März 2016 auf meinem zweiten Seminar für Erdheilung über die veränderten Rahmenbedingungen zu informieren, die für Sie als Heiler der Erde inzwischen gelten!

Es scheint sehr wichtig zu sein, dass Sie diese Informationen bekommen, denn Ashtar knüpft mit seiner Einführung in dieses Buch direkt an die wichtigsten Ergebnisse des Seminars an.

Sie sollten diese Informationen aufmerksam lesen, denn die Heilung der Erde gehört mit zu den größten Abenteuern, die wir alle mit unseren kosmischen Freunden zusammen erleben dürfen.

Wer einmal die Erfahrung gemacht hat, wie Ashtar und seine Crew hier machtvoll unterstützend tätig sind und sofort auf unseren dringenden Hilferuf hin intervenieren, wird sich nie wieder fragen, *„wozu kosmische Freunde denn gut sind"*.

Ich weiß: Solche Fragen würden Ihnen selbst niemals über die Lippen kommen – noch nicht einmal in Ihren Kopf. Es ist aber durchaus möglich, dass der eine oder andere von Ihnen im Rahmen seiner Tätigkeit als Sternenbotschafter mit dieser Sinnfrage von Seiten seiner Mitmenschen konfrontiert werden wird!

Die folgenden Hinweise von Ashtar sind also dazu gedacht,

- zunächst einmal Ihnen selbst für Ihre Arbeit als Heiler der Erde die wichtigsten Updates zu vermitteln
- und ebenso Ihnen weiteres Basiswissen für Ihre Arbeit als Sternenbotschafter zur Verfügung zu stellen.

Bitte denken Sie daran: Eine solide Ausbildung ist unerlässlich für Ihre neue Mission. Dass sie auch Spaß macht und unterhaltsam sein wird, dafür garantiert bereits der Titel, den Ashtar für diese Basis-Informationen ausgesucht hat: *„Abenteuer mit den Sternen"*.

Ashtar hat auch diesmal ein Rahmenthema gewählt und stellt Ihnen die einzelnen Lektionen als ***„Vorbereitung für unser kosmisches Familientreffen"*** vor. Und ehrlich gesagt: Er meint das auch so! Freuen Sie sich auf unser Familientreffen mit unseren galaktischen Familien!

Mit herzlichen Grüßen,
Christine Stark

2. TEIL
STARTKLAR FÜR DAS FAMILIENTREFFEN

Kap. 7 Bestandsaufnahme

(Ashtar)

Geliebte Christine,
geliebte Tochter des Lichts, Ashtar spricht!

Vieles ist geschehen, seit unser gemeinsames drittes Buch erschienen ist, und wir wissen, dass du deine Frage, ob auch bei dieser Reise ein Buch entstehen würde, kaum verheimlichen konntest.

Wir wissen, es ist nicht so einfach für euch, eure Erwartungen aus „3D" und euer Wissen aus höheren Sphären unter einen Hut zu bringen. „*Man braucht mehrere Hüte*", wie ein lieber Mitreisender einst zu dir sagte.

Auch für uns ist es gegenwärtig gar nicht so leicht, all die Informationen, die ihr, geliebte erdgeborene Sternenwesen in Kürze benötigen werdet, unter einen Hut zu bringen – bzw. in einem Buch zusammenzufassen!

In unglaublicher Schnelligkeit entwickelt ihr euch gegenwärtig in euer kosmisches Bewusstsein hinein und werdet in nicht allzu ferner Zukunft vollwertige, stimmberechtigte Mitglieder der Galaktischen Föderation des Lichtes sein.

Dies ist der Grund, warum wir in kurzer Folge bereits mehrere Bücher mit den wichtigsten Informationen für euch durch Christine bereitgestellt haben.

Ihr alle wisst inzwischen, wie es dazu kam, dass GAIA und ihre Kinder in eine so schwere, belastende Situation geraten war, für deren Abhilfe sich unzählige Mitarbeiter des „Bodenpersonals“ bereits seit vielen Jahren auf der Erde inkarniert haben:

Erdheilung ist eure vornehmste Pflicht, meine Geliebten! Fast noch wichtiger in der gegenwärtigen Zeit sind unsere Sicherheitshinweise für Lichtarbeiter, die in unserem zweiten Buch an euch alle weitergegeben wurden!

Ihr alle habt euch in rasender Geschwindigkeit weiterentwickelt, sodass in einem zweiten Seminar mit Christine zusammen viel Insider-Wissen über die Manipulationen weitergegeben werden konnte, um auch höherrangige Erdheilungsarbeit durch euch zu ermöglichen.

Christine bat die führenden Erdheiler in ihrem Seminar darum, *„das Undenkbare zu denken zu wagen!“* Nur so werdet ihr fähig und in der Lage sein, die versteckten Raketenbasen der „Noch nicht Licht“-Fraktion zu identifizieren, die zum größten Teil unterirdisch oder auch unter Wasser unter vielen eurer Seen und Meere verborgen sind.

Die Dinge sind nicht, wie sie scheinen, meine Lieben! Wir haben vor kurzem dafür gesorgt, dass Christine ein großes Passagierschiff dabei beobachten konnte, wie sich eine Klappe unterhalb des Schiffes öffnete und Unmengen an außerirdischen „dunklen“ Hilfskräften das Schiff verließen, um ihren unter Wasser liegenden Militärstützpunkt zu erreichen. All dies spielte sich in einem ehemaligen deutschen Kriegshafen ab.

Wir möchten Christine an dieser Stelle unseren Dank und unsere große Anerkennung aussprechen für die wichtige Aufklärungsarbeit, die sie in ihren Seminaren und mit ihren Veröffentlichungen leistet!

Ebenso danken wir den Mitgliedern der „Bodentruppen", die in den Medien bewusst oder auch unbewusst wichtige Hinweise über Orte und Situationen weitergeben, wo Heilungsbedarf besteht oder wo geplante Sabotage noch möglichst viele Teile der Erde zerstören oder beschädigen soll.

Wir bitten euch, geliebte Freiwillige der Galaktischen Föderation des Lichts: **Nutzt eure Fähigkeiten der sensitiven Wahrnehmung! Nutzt eure Gott-gegebene Intuition,** um auf assoziative Weise den Zusammenhang zwischen den verstreut platzierten Hinweisen eurer „Teamplayer" zu erkennen!

Vielfach wird euch z.B. die Diskrepanz zwischen dem verfremdeten Bild eines Zeitungsartikels und der auffälligen, scheinbar nicht dazu passenden Überschrift des entsprechenden Textes weitere Hinweise geben.

Ihr alle, geliebte Kinder des Lichts, befindet euch gegenwärtig im Endkampf eines regelrechten „Krieges der Welten", der zurzeit um die Erde ausgetragen wird. Ihr alle, die ihr euch zu diesem vorliegenden Buch hingezogen fühltet, wisst das in euren Herzen genau! Und doch ist es wichtig, dies einmal so auszusprechen und ins Bewusstsein zu heben.

Keine Angst, meine Freunde! ***„Das LICHT ist immer stärker als die Dunkelheit"*** – und längst hat die Lichtseite den Sieg davongetragen. Viele, sogar die meisten Verursacher auf kosmisch-energetischer Ebene wurden auf eure legitimierenden Hilferufe hin bereits von der Erde entfernt.

Mehrfach sah auch Christine in hellsichtiger Schau, wie die „Drahtzieher" und dunklen Verursacher eurer schwierigen Situationen gewissermaßen in Handschellen von unseren Lichtkräften abgeführt und in energetische Quarantäne und kosmische Isolation gebracht wurden.

„In Handschellen", wie es Christine gesehen hat, bedeutet in Wahrheit, dass diese Führungskräfte hoher kosmischer Dunkel-Eliten handlungsunfähig gemacht wurden und euch euer Leben nicht länger verdüstern können.

Eure Hilferufe, meine Geliebten, haben uns das Recht dazu gegeben, hier einzugreifen, und haben legitimiert, dass wir unterstützend tätig werden durften!

Kap. 8 Updates für eure Arbeit als Heiler der Erde

(Ashtar)

Denjenigen von euch, die nicht die Möglichkeit hatten, an Christines Seminar im März 2016 teilzunehmen, möchten wir noch einige wichtige Hinweise für eure jetzige Arbeit geben. Wir sagten euch bereits:

„Wagt es, das Undenkbare zu denken!"

Dies ist die unumgängliche Voraussetzung dafür, dass eure hellsichtigen Fähigkeiten freigeschaltet werden, um weitere Hinweise zu erhalten und eure jeweils aktuelle Aufgabe zu erkennen.

Sei es, dass euch unterirdische, höher-energetische Anlagen der dunklen Machthaber gezeigt werden oder potenzielle Gefahrenpunkte, wo die hinterbliebenen Mitarbeiter der „Noch nicht Licht"-Fraktion Sabotage, Manipulationen oder sogar Attentate planen – sowohl auf materieller Ebene als auch auf energetischer Hintergrundebene:

Ruft sofort Erzengel Michael, die Galaktische Föderation des Lichts und die befreundeten Sternennationen des Lichts zu Hilfe. Niemals, – hört ihr? – *niemals* dürft ihr hier selbst tätig werden! Selber arbeiten – zumindest auf diesem Niveau – ist euch nicht erlaubt!

Ihr wisst aus unseren vorigen beiden Büchern für Erdheilung, dass es eure wichtigste Aufgabe ist, *unsere* Hilfseinsätze zu legitimieren, indem ihr uns zu Hilfe ruft. Auf einfacherem Niveau haben wir euch bisher oft gezeigt, wie ihr selbst Heilung für die Erde bewirken konntet – mit unserer Assistenz!

Veränderte Rahmenbedingungen:

Hier aber geht es jetzt um erweiterte Rahmenbedingungen. Und wir bitten euch dringend: ***„Lasst die Finger davon"*,** wenn ihr eine unterirdische Raketenbasis unserer kosmischen „Nicht–Freunde" identifiziert habt! Diese Arbeit – diese Thematik – ist für euch „zu heiß"!

Wie bisher auch ist es eure Aufgabe, *„die Bleistiftspitze des großen Bleistiftes in der Hand Gottes zu sein"* und auf das zu deuten, wo ein Einsatz zur Veränderung und Bereinigung der Situation notwendig ist.

Ein weiteres symbolisches Bild mag euch eure neue Aufgabe verdeutlichen: Erinnert euch bitte an die Fährtenhunde, die – bestens trainiert – zu bellen beginnen, wenn ihnen ein wichtiges Indiz auffällt.

Ebenso wie die Spürhunde, die in vielen Flughäfen eingesetzt werden, um verstecktes Rauschgift oder andere unerlaubte „Mitbringsel" zu finden, schlagen sie laut bellend an, sobald sie Hinweise auf verdeckte oder versteckte „Zutaten" erkennen.

Eure neue Aufgabe, geliebte Mitarbeiter unseres lichtvollen „Bodenpersonals", ist es, Meldung zu machen, wenn ihr Ungutes und Gefährliches bemerkt! Wie ein guter Fährtenhund seinen menschlichen Hundeführer durch lautes Bellen auf eine brisante Situation aufmerksam macht, so solltet auch ihr uns sofort ansprechen und zu Hilfe rufen, damit wir die Situation bereinigen können.

Die Clown-Engelchen haben bereits im Seminar das Hilfsbild von der „bellenden Bleistiftspitze“ kreiert. eure neue Aufgabe unter diesen erweiterten Rahmenbedingungen ist es also, **die gefundene Aufgabe, die hier ansteht, zu delegieren.** An uns!

Oftmals werdet ihr nicht einmal genau verstehen, worum es eigentlich in der erkannten Situation geht. Und noch weniger werdet ihr eine Ahnung davon haben, was zu tun ist und wie wir die von euch genannte Situation bereinigen werden.

Das ist, ehrlich gesagt, sowohl für euch als auch für die Sache selbst wesentlich sicherer! Was ihr selbst kennt und wisst, könnte in einem unbewussteren Zustand aus eurem Gedächtnis „abgegriffen“ und ausspioniert werden.

Und ihr wisst ja: *„Die Konkurrenz schläft nicht“* – und was zum Guten gewirkt und bereinigt wurde, kann – wenn es bekannt wird – durchaus noch einmal „verdunkelt“ und rückgängig gemacht werden!

Konkret zusammengefasst:

1. Für die Führungscrew der Erdheiler gilt folgender „Einsatzbefehl“:
   - orten
   - „bellen“ (d.h. uns darauf ansprechen, zu Hilfe rufen)
   - und sofort delegieren!
2. Habt Vertrauen in euch und eure Wahrnehmung, aber auch in eure inzwischen bestens geschulte Kompetenz!
3. Wendet eure sensitiven Fähigkeiten an!
4. Wagt es, das „Undenkbare“ zu denken!
5. Zählt „1+1“ zusammen, indem ihr eure **Gabe der Assoziation** nutzt, um Hinweise anderer lichter „Team Player“ zu kombinieren und eure Schlüsse zu ziehen! Die **Hinweise** selbst, die es

in Zeitungen und z.B. auf Plakaten zu finden gilt, werdet ihr an der Diskrepanz erkennen, die euch zeigt: *„STOP, hier stimmt etwas nicht!“*

6. Noch ein Letztes: In vielen hochrangigen Fällen wird es hierbei eure Aufgabe sein, *zu zweit* diese Hilfe herbeizurufen!

Möglicherweise werdet ihr tatsächlich einen weiteren „Kollegen“ benötigen, um die erkannten Hinweise zusammenzufügen und diese Aufgabe an uns weiterzugeben!

Je höherrangig eine brisante Erkenntnis ist, desto dringender ist es erforderlich, dass ihr euch **zu zweit** darum kümmert! Zum einen, weil oft erst dann ganz sicher festgestellt werden kann, in welche Richtung die Manipulation oder Sabotage geplant ist, und zum anderen ist es vielfach wichtig, „Zeuge zu sein“, wenn eine dunkle Machenschaft aufgedeckt wird.

„Aufdecken“ bedeutet hierbei:
Benennen des Unrechts, das hier beabsichtigt ist, und zwar vor Zeugen!

1. Zunächst erkennt ihr, in welche Richtung die gefundenen und gesammelten Hinweise deuten.
2. Ihr überprüft zu zweit im hoch abgesicherten Modus, ob die gefundenen Hinweise in die vermutete Richtung deuten (oder ob ihr vielleicht auf eine falsche Fährte gelockt wurdet),
3. und dann benennt ihr das Unrecht, das ihr erkannt habt – oder das beabsichtigt wurde – und „deckt es auf“.

In vielen Fällen genügt dies bereits, um geeignete Maßnahmen von unserer Seite aus zu legitimieren. Natürlich müsst ihr uns dazu konkret ansprechen.

Wenn es hart auf hart kommt und akute Gefahr im Verzuge ist, wählt **Worte der Kraft**, indem ihr um

- sofortige „**GÖTTLICHE INTERVENTION“**
- **„GÖTTLICHE REGULIERUNG“**
- oder **„Allerhöchsten GÖTTLICHEN SCHUTZ“** bittet
- Ihr könnt auch „**GÖTTLICHE ORDNUNG**“ verfügen.

Aber dann gebt alles Weitere an uns ab und delegiert es!

In besonders drastischen Fällen ist es angesagt, **die Verursacher zur Rechenschaft ziehen** zu lassen!

- Dies sollte dann von euch konkret so benannt werden, sowohl was die inkarnierten Mitarbeiter der Dunkel – Fraktion betrifft, die sich bewusst, getäuscht oder unbewusst für diese Manipulationen zur Verfügung gestellt haben.
- Noch wichtiger sind allerdings die nicht mehr inkarnierten „Beifahrer“
- und ganz besonders die Hintermänner und ihre dunkle Führungselite.

Dies noch einmal als „Bestandsaufnahme“ der aktuellen Situation!

Kap. 9 Sicherheitshinweise

(Ashtar)

Für eure konkrete Arbeit gelten die Sicherheitsmaßnahmen, die wir euch bereits in den vorigen Büchern mitgeteilt haben. Denkt bitte immer daran, dass ihr *jederzeit* abgehört oder beobachtet werden könntet.

Es ist euch meist deshalb nicht bewusst, weil die Spione entweder aus den *nicht mehr inkarnierten* Mitarbeitern rekrutiert werden, die sich zudem noch recht gut tarnen können, oder aus höheren Dimensionen – für euch – noch unsichtbarer Schattenwesen dunkler Außerirdischer.

Daher bitten wir euch dringend, euch gerade bei „Dienstgesprächen" am Telefon oder auch vor Ort von mir, Ashtar, das „OK" geben zu lassen, dass Ort und Zeit geschützt und abgesichert sind und dass die Telefonleitung von unseren Sicherheitskräften gesichert und freigehalten wird.

Während diese Hilfsmaßnahmen von eurer und unserer Seite jetzt in immer größerem Umfang stattfinden, stellen die hohen und höchsten kosmischen Einstrahlungen sicher, dass der Boden für **ein kosmisches Familientreffen auf der Erde** in kurzer Zeit bereit sein wird.

Dies hängt damit zusammen, dass die hohen Photonen-Energien das Bewusstsein – und damit die Akzeptanz – für unser offenes Erscheinen immer deutlicher vorbereiten. Denn energetisch-physisch sind wir alle schon lange unter euch!

Während sich die Energie der inkarnierten Erdbewohner immer weiter anhebt, finden jetzt die Veränderungen im physischen, aber auch im psychischen und mentalen Bereich bei euren irdischen Mitbewohnern statt, die sie auf ein **Zusammentreffen mit ihrer galak-**

tischen Familie energetisch vorbereiten und einstimmen. Dies mag ihnen bewusst sein oder nicht.

In den Schlafphasen sind auch die Unbewussten, Ablehnenden auf Seelenebene in Schulungseinrichtungen sehr eifrig damit beschäftigt, sich an die veränderte Situation auf der Erde anzupassen und Blockaden abzubauen, die meist auf manipulativ gesetzte Bewusstseins-Implantate und Traumata zurückgehen.

Zum anderen helfen die sich ständig erhöhenden Frequenzen auf GAIA auch uns, uns leichter in eurer Atmosphäre zu bewegen. „Auf gut Deutsch“: Die Zeit ist gekommen, euch auf das Zusammentreffen mit eurer galaktischen Familie und euren kosmischen Freunden **auch auf der real-sichtbaren Ebene** vorzubereiten.

Es ist mir eine große Freude, euch heute mitteilen zu können, dass ihr, geliebte Kinder des Lichts, jetzt „startklar“ seid für das galaktische Familientreffen, das euch in Kürze wieder mit euren „Ahnen aus der Zukunft“ vereinen wird!

3. TEIL
0017 – UNDER COVER…

Kap. 10 Die Gastgeber und ihre Geschichte

(Ashtar)

Geliebte Christine,
geliebte Kinder des Lichts, bevor wir uns um die offizielle Vorstellung der Gäste kümmern, die zu eurem galaktischen Familientreffen erwartet werden, wollen wir uns zunächst den Gastgebern zuwenden – nämlich euch!

Wir bitten euch, euch zu erinnern, dass es keineswegs ungewöhnlich ist, Besuch von weit entfernt lebenden Verwandten zu erhalten – wenn die Familienbande in guter Ordnung sind und man sich im Herzen verbunden fühlt und innerlich nahesteht!

Ihr wisst doch selbst: Gute Freunde, die von der gleichen Art sind und auf der gleichen emotionalen und mentalen Wellenlänge liegen, sehen sich vielleicht manchmal viele Jahre lang nicht, der Kontakt ist aus unerfindlichen Gründen auf Eis gelegt oder ruht zumindest. Und dann, von einem Tag auf den anderen, heißt es plötzlich; *„Hallo Liebes, erinnerst Du dich an mich? Die Gelegenheit ist günstig und ich werde in Kürze in deiner Nähe sein. Können wir uns treffen? So Vieles ist geschehen in der Zwischenzeit! Ich habe mich so nach dir gesehnt!“*

Und in euren Herzen dämmert ein freudiges Erinnern an eine alte Zeit, in der ihr Freunde wart! Unzertrennlich gewissermaßen habt ihr Freud und Leid geteilt! Bedingungslos konntet ihr euch aufeinander verlassen. Wenn der eine es brauchte und um Hilfe bat, war der andere im Umsehen zur Stelle.

All das wird euch wieder bewusst und ihr erinnert euch der Zeit, in der ihr glücklich wart, den anderen in eurer Nähe zu wissen. Ihr könnt gar nicht verstehen, wie es möglich war, dies alles zu vergessen!

Und ihr erinnert euch der stillen Sehnsucht, die ihr so oft in euren Träumen gespürt- und so oft bei Tag verdrängt hattet, weil ihr euch sonst so entsetzlich allein gefühlt hättet, dass es kaum zum Aushalten gewesen wäre.

Ein wenig ist es so, wie Christine es gestern erlebte: Schon lange ist ihre geliebte Caja, dieser wundervolle blonde Hundeengel, „auf der Wolke", wie sie es immer nennt. Vor fast zwei Jahren ist sie gegangen, obwohl sie auf unsichtbarer Ebene dennoch oft um sie ist.

Ihre Zeit, auf der physischen Ebene materiell in „3D" inkarniert zu sein, war vorbei. Christine musste sich damit abfinden, musste die Trennung aushalten und lernen, allein zu sein.

Sie wusste: Caja wird als neues, junges Hundemädchen noch einmal inkarnieren und zu ihr auch auf materieller Ebene zurückkommen. Sie weiß sehr wohl in ihrem Herzen, dass sie sich wiedersehen werden. Doch noch ist es nicht an der Zeit.

Um nicht allzu unglücklich zu sein über diese Trennung – auch wenn sie ihre geliebte Hündin auf Seelenebene oft noch um sich spürt – hat sie sich auf ihre Arbeit konzentriert.

Auch Caja erfüllt ihre Aufgaben auf höherer Ebene, indem sie Franz von Assisi, unseren geliebten Bruder und Freund, begleitet und mit ihm zusammen für die Belange der Tiere arbeitet, die ihre Hilfe brauchen.

Jede von beiden erfüllt ihre Aufgaben in dieser Zeit so gut es geht. Und doch ist da die Sehnsucht und das Erinnern. Aber es ist anders als zuvor. Das Bild des gemeinsamen Lebens, wie beide es gekannt haben, verblasst und ist in den Hintergrund getreten, weil beide ihre

Sehnsucht sonst kaum aushalten und die Trauer des Alleinseins fast nicht ertragen könnten.

Gestern nun wurde Christine ganz unverhofft zu einer lieben Nachbarin ins Haus gebeten, und der Hund der Nachbarin – ein heller Hundeengel, wie Caja es einst war – begrüßte Christine mit zärtlichsten Gesten der Freude.

Kaum, dass sie den warmen Körper des schönen Tieres berührte, kaum, dass sie seinen warmen, lebendigen Körper streichelte und das weiche Fell dieses liebevollen Wesens unter ihren Fingern spürte, wusste sie, was sie so schmerzlich vermisste! Die Erinnerung war greifbarnahe!

Caja wird zurückkommen zu ihr, das ist gewiss. Da wird reine Freude sein in ihrer beider Herzen! Und Glück und Seligkeit wird aus ihren Augen leuchten, wenn die zwei Freunde sich in neuer Konstellation wiedersehen werden!

Wir wissen: Ihr, die ihr dieses Buch in Händen haltet und Christine und ihrer geliebten Caja in euren Herzen verbunden seid, habt diese Bilder eben in eurer Vorstellung mitgesehen. Ihr habt die Freude gefühlt, die mit dem Erinnern verbunden war, und ahnt bereits die kommende Glückseligkeit, wenn sie wieder zusammentreffen.

Kap. 11 Das Wiedersehen

(Ashtar)

Nun, genauso wird es sein, das Wiedersehen! Genauso werdet ihr euch fühlen: genauso glücklich! Eure Freude wird überwältigend sein, wenn ihr eure galaktische Familie wiederseht und eure kosmischen Freunde euch in die Arme schließen!

Mit dem einen Unterschied: Ihr wart es, die gegangen sind! Ihr wart es, die eure euch so sehnsüchtig vermissende Familie verlassen habt!

Caja, Christines geliebter Hundeengel, musste gehen. Sie hatte keine andere Wahl. Ihre Zeit war gekommen. Beide hatten es gewusst.

Hier aber, in eurem eigenen Fall – und es betrifft euch alle, die ihr dieses Buch in Händen haltet – seid ihr es gewesen, die gehen mussten. Eure Zeit war gekommen und auch ihr hattet keine Wahl!

Denn während Caja in die lichten Welten des LICHTES und der LIEBE aufstieg, hattet ihr euch verpflichtet, euch in die tiefsten Tiefen der Dunkelheit zu begeben, um einer Planetenschwester zu helfen, die verzweifelt um Hilfe rief!

GAIA war es, deren Leid und Schmerzen ihr schon lange aus der Ferne hattet mitansehen müssen, ohne eingreifen zu können! Als hochschwingende, machtvolle Sternenwesen spürtet ihr den Schmerz der Erde am eigenen Leibe.

Und doch war es euch verwehrt, einzugreifen und Abhilfe zu schaffen und dem Unheil Einhalt zu gebieten, das dunkle Aggressoren über die Erde gebracht hatten. Wir haben bereits in den vorigen Büchern davon berichtet.

Sie, die die Erde ausbeuten und ihre Kinder vernichten wollten, hielten sich nicht an das Gesetz des Freien Willens, das für GAIA und alle ihre Bewohner gilt. Ohne Erlaubnis und ohne Zustimmung überfielen sie die Erde, nachdem sie schon ihren eigenen Heimatplaneten vernichtet hatten …

Ihr aber, die ihr um die kosmischen Gesetze wisst, die GOTT und GÖTTIN für alle Universen verfügt haben, kennt die Folgen, die eigenmächtiges und unautorisiertes Handeln nach sich zieht, auch wenn es in bester Absicht geschieht!

Erst als der drängende Hilferuf von GAIA euer Eingreifen legitimierte, war das Startsignal gegeben, der Erde zu Hilfe zu kommen! Vieles davon lest bitte in den früheren Büchern nach.

Hier sei nur so viel gesagt, dass ihr, die geliebten „Freiwilligen" der Galaktischen Föderation des Lichts, euch bereit erklärtet, „under cover" als rechtmäßig inkarnierte Erdlinge geboren zu werden.

So würdet ihr auch das Recht haben, uns, eure galaktischen Brüder und Schwestern, zu Hilfe zu rufen, und der Einsatz eurer kosmischen Freunde wäre legitimiert. Ihr wisst das alles bereits, und doch ist es von entscheidender Bedeutung, genau diese Zusammenhänge noch einmal zu erwähnen!

Denn ihr zahltet einen hohen Preis: Als „0017-under cover", wie Christine es kürzlich in unserem zweiten gemeinsamen Seminar nannte, stimmtet ihr zu, all eure euch innewohnenden Fähigkeiten als hochschwingende galaktische Sternenwesen „einzufrieren" und auf ihre Anwendung zu verzichten.

Es wäre in der dunklen Dichte der spirituellen Trockenheit, die auf der Erde herrschte, zu eurem eigenen Schaden gewesen! Auch ein Schmetterling kann in ölverschmutzter Atmosphäre und bei dichtestem Dauerregen, Hagel, Schnee und Sturm seine Flügel nicht entfalten!

Sogar die kraftvollen Schwäne, diese herrlichen weiß gefiederten Boten der lichten Welten, werden bewegungsunfähig, wenn ölverschmutztes Wasser ihre schönen Schwingen kontaminiert.

So wie ein Igel seine Stacheln einzieht, habt ihr eure euch innewohnenden Fähigkeiten vor der Welt – und sogar vor euch selbst – verborgen! Mit einem starken Schutzpanzer habt ihr eure reine, strahlende Seele umgeben, auf dass der Schein eurer wahren Göttlichkeit euch nicht vor der Zeit verraten möge!

Geschützt habt ihr euch intuitiv, so gut es euch möglich war. Ihr tarntet euch so gut, wart so sehr „under cover", dass ihr zum Schluss euch selbst vergessen habt und eure wahre Identität!

Wir aber, eure galaktischen Familien des Lichts und eure kosmischen Freunde, hatten damit den Zugang zu euch verloren. Die Dunkelheit des herrschenden Regimes behinderte mit unfassbaren Manipulationen euer Erinnern.

Schlimmer noch: Sie überlagerten es mit Angst-basierten Codierungen und programmierten euer Zellgedächtnis so, dass ihr uns zu fürchten begannt! Welch hohen Preis ihr zahltet für eure Hilfsbereitschaft, – aber auch wir! Fast glaubten wir euch für immer verloren ...

Doch „***Wunder werden im LICHT gesehen! Und LICHT und STÄRKE sind eins!***"
Ihr begannt euch zu erinnern und in eure wahre Kraft zu kommen. Ihr fandet Euresgleichen und ermutigtet euch gegenseitig, „***das Undenkbare zu denken zu wagen***".

Und so wisst ihr inzwischen so gut wie wir, dass ihr von den Sternen kommt! Ihr kennt die WAHRHEIT – und bald wird sie auch euren noch „schlafenden" Mitstreitern dämmern!

Mit vereinten Kräften senden die befreundeten Sternennationen des Lichts LICHT und LIEBE zu euch und GAIA.

Eure gegenwärtige Position innerhalb des Photonenringes, den ihr auf eurer Reise mit GAIA in immerwährenden Zyklen durchquert, bewirkt ebenfalls, dass die Dunkelheit auf GAIA zu weichen beginnt und die Erdlinge sich entscheiden müssen:

- Sind sie auf Seelenebene bereit, die notwendigen Veränderungen ihres physischen Körpers zuzulassen?

- Sind sie bereit, sich ihren Traumata aus alter Zeit zu stellen, die noch als kristalline Blockaden das Einfließen des SUPERLICHTES behindern?
- Oder trauen sie sich die Konfrontation mit ihren Angstbasierten Programmierungen nicht zu?
- Sind sie bereit, die Augen für die GÖTTLICHE, die einzig wahre WAHRHEIT zu öffnen und alles infrage zu stellen, was ihnen bisher mentalen und emotionalen Halt bot?
- Oder wählen sie den Umweg, indem sie „auf die Wolke gehen"?

Kap. 12 Botschafter sein

(Ashtar)

Während wir euch hier an all diese Zusammenhänge erinnern, bewirken die einströmenden Energien kosmischer Hochfrequenzen,

- dass die Codierungen in euren Zellen sich zu öffnen beginnen
- und euch auf überbewusstem Wege euren Auftrag
- und euren Einsatzort mitteilen,

an dem ihr in der Zeit des Umbruches auf GAIA von Nutzen zu sein verspracht.

Des Weiteren sind unsere Worte mit liebevoll-weisen Schwingungen des VERTRAUENS und der SICHERHEIT programmiert, die euch weitere Anhaltspunkte liefern werden,

- wie ihr euch in eurer künftigen Führungsposition auf GAIA bestmöglich und in Übereinstimmung mit SPIRIT zum höchsten Wohle von AllemWasIst zu verhalten habt!

Bitte versteht: Immer werdet ihr frei sein, diese Aufträge zu erfüllen oder auch sie abzulehnen! Ihr seid nur euch selbst und GOTT und GÖTTIN Rechenschaft schuldig dafür,

- wie ihr euch in dieser Zeit verhaltet
- und ob ihr bereit seid, euer Wissen und eure Fähigkeiten zu nutzen, um euren selbstgewählten Auftrag zu erfüllen!

Wir kennen eure Antwort bereits, geliebte Herzen! Und doch war es wichtig, noch einmal zu erwähnen, dass auch wir euren Freien Willen höher achten als alles andere!

Die Codierungen, die unseren Worten in diesem Buch zugrunde liegen, werden euch auch niemals in irgendeiner Weise manipulativ beeinflussen, so wie ihr das von dunkel gefilterten Texten leider immer noch befürchten dürft!

Unsere hier beigefügten Codes aktivieren lediglich – wenn ihr dies hier und jetzt bewusst zulasst – energetische Koordinaten, die euch auf überbewusster Ebene

- mit den neuen Rahmenbedingungen eures künftigen Auftrages
- und eurer zukünftigen Führungsrolle vertraut machen.
- Sie dienen eurer Sicherheit, meine Geliebten, denn sie zeigen euch intuitiv an, wie weit ihr gehen könnt
- und in welchen Umfang sich euer neuer zukünftiger Wirkungsbereich ausdehnt.

„Wunder werden im LICHT gesehen – und LICHT und STÄRKE sind eins!“

Bitte bereitet euch als die „Führungsoffiziere“ unserer Bodentruppen, die ihr nun einmal seid – ihr *alle*, die ihr dieses Buch lest – darauf vor,

- in exponierten Positionen euren Mitmenschen MUT und HOFFNUNG zu vermitteln,
- ihnen ein Gefühl der SICHERHEIT und des VERTRAUENS zu geben,
- und an vorderster Front in beispielhafter Weise Vorbildfunktion zu übernehmen.

Gerade, wenn es darum geht, von euren kosmischen Freunden und eurer galaktischen Familie zu erzählen!

Christine selbst weiß sehr genau, wie es sich anfühlt, (scheinbar) noch unbewussten Menschen des gemeinsamen Alltags von ihrem Wissen und ihren Erfahrungen mit uns zu berichten!

Erinnert euch bitte an ihre Schilderungen, als sie einer ihr bis dahin unbekannten Tischnachbarin von mir und der Sternenflotte der Galaktischen Föderation des Lichts berichtet hat! (Nachzulesen in „Buch 3“: *„ERSTE HILFE“ für GAIA und ihre Kinder, Band 2 – Praktische Anleitungen zur Heilung der Erde.*)

Und ich darf euch an dieser Stelle versichern, dass es wesentlich einfacher ist, einer fremden Person diese für die meisten Menschen noch unglaublichen Informationen weiter zu geben, als jemandem, mit dem man in nächster Nachbarschaft danach immer wieder zusammengeführt werden wird!

Aber genauso wie ihr alle inzwischen aus den Kinderschuhen der Erdheilungsverfahren herausgewachsen seid und statt der Basisarbeit, die zur Grundausbildung eurer Tätigkeit als Heiler der Erde gehörte, in die „Meisterklasse“ befördert wurdet (vgl. Kap.1), seid ihr auch hier jetzt auf höherem Level

- als Meister der kosmischen Kommunikation und
- als **„Berichterstatter“ von den Sternen** gefragt!

Dies ist jetzt zur gegenwärtigen Zeit eine eurer wichtigsten Aufgaben!

Gerade in eurem direkten Umfeld gilt es jetzt, den wertvollen „Stein“ des VERTRAUENS und der ZUVERSICHT „ins Wasser zu werfen“, damit dieses WISSEN und dieses VERTRAUEN immer weitere Kreise zieht!

Bisher habt ihr euch vielleicht hier und dort mit euren Fähigkeiten als Heiler und Hochsensitive geoutet. Auch dies erforderte jede Menge MUT und ihr wart euch der FÜHRUNG der euch umgebenden Engel und Soul Guards sehr wohl bewusst.

Ihr habt gespürt, dass es kein Zufall war, wenn das Gespräch immer öfter unvermittelt auf spirituelle Themen kam.

Es war **euer Training**, meine geliebten „Freiwilligen der Extraklasse“, das euch schulen sollte, darauf zu vertrauen, dass ihr alle genau wissen und spüren würdet, wie weit ihr mit euren „Bekenntnissen“ gehen könntet – und wo ihr ganz gewiss den Mund halten müsstet!

Ihr spürtet, wenn ihr „auf Sendung“ wart, so wie Christine es vor wenigen Tagen auch wieder zweifelsfrei gespürt hat!

Und ihr erkennt, wie die Gelegenheiten sich zu fügen beginnen, wie euch die passenden Beispiele in den Sinn kommen – und wie ihr euch immer weniger darum schert, ob ihr euch gerade mal wieder unmöglich macht!

Immer seltener ereilt euch im Nachhinein das Gefühl von *„o Gott, o Gott, wie konnte ich nur…!“*. Denn diese Traumata aus vergangener Zeit, in der ihr wortwörtlich Kopf und Kragen riskiertet, wenn ihr euch mit euren Fähigkeiten geoutet habt, sind ein für alle Mal geheilt!

Die jenseitigen und die kosmischen Ärzte haben ganze Arbeit geleistet beim Entkoppeln dieser Blockaden und ihr Heilstrahl hat ein Übriges getan.

Ihr wart sehr geschickt im Anwenden der Gebrauchsanweisungen unserer kosmischen Psychotherapie, die wir euch in unserem „Buch 2“ *(„Erste Hilfe“ für Lichtarbeiter)* durch Christine übermittelt haben.

Unser Dank gilt an dieser Stelle auch den Elohim des Silbernen Strahls der Gnade, die auf ihre unnachahmliche Weise das Zellgedächtnis reinigen, wenn man sie darum bittet.

Aber noch einmal zurück zu eurer neuen Aufgabe:

Wir bitten euch, euch ab sofort mutig zu uns und eurem Wissen über die Existenz eurer galaktischen Familien und den befreundeten Sternennationen des Lichts zu bekennen!

Es ist extrem wichtig! Die Zeit drängt! Je mehr Menschen ihr auf unsere Ankunft vorbereiten könnt, desto besser.

Es geht nicht so sehr darum zu „missionieren", sondern die Gelegenheit zu nutzen. Gerade ihr, die sie kennen und denen sie vertrauen, werdet dadurch zu zuverlässigen **Anlaufstellen** und **„Stützpunkten"**, an die sie sich in dieser Frage wenden können.

Es mag vielleicht sein, dass sie – der eine oder die andere zumindest – kurzfristig mit den Augen rollen, wenn sie euch von uns reden hören, aber das dürfte die leichtere Übung sein!

Sie werden euch für euren MUT achten und es wird ihnen das VERTRAUEN und die SICHERHEIT vermitteln, die sie so dringend benötigen, um sich auch auf der bewussten Ebene ihren alten Ängsten zu stellen.

An dieser Stelle bitten wir Christine, euch von ihrem „Probelauf" zu berichten, den sie in dieser Hinsicht erst vor wenigen Tagen absolviert hat. Wie immer, wird sie hierbei auch wieder die allgemeingültigen Merkmale einer solchen „praktischen Einweihung" für euch alle herausfiltern.

In LIEBE und LICHT,
ICH BIN Ashtar.

Kap. 13 Mutproben der besonderen Art

(Christine)

Liebe Leserin, lieber Leser,

Ashtar hat mich soeben gebeten, Ihnen wieder mal ein praktisches Beispiel „für den Hausgebrauch“ zu liefern, – etwas, an dem Sie abgucken können, wenn Sie sich in einer ähnlichen Situation befinden und plötzlich davon überrascht werden, dass eine private Kaffeeeinladung zum Seminar mutiert

Es ist erst drei Tage her. Am 19. März 2016 hatte mein zweites Seminar mit der Galaktischen Föderation des Lichts stattgefunden, an dem ich wieder einer großen Gruppe von hellsichtigen Therapeuten und Heilern der Erde meine neuesten Erfahrungen und Erkenntnisse weitergeben durfte.

Ashtar selbst ist im achten Kapitel dieses Buches kurz auf die hochbrisante Thematik der veränderten Rahmenbedingungen eingegangen, mit denen wir es gegenwärtig in unserer Arbeit für GAIA zu tun haben.

Aus der Basis-Arbeit, die mit den von mir so sehr geachteten grundlegenden Lektionen einer Grundschulung vergleichbar sind, war plötzlich ein „Meisterkurs für Führungsoffiziere“ geworden!

Meine militärische Wortwahl hat sicher auch damit zu tun, dass wir uns gegenwärtig tatsächlich im Endstadium eines regelrechten „Krieges der Welten“ befinden, der hier um den Besitz der Erde und die Macht über GAIA ausgefochten wird.

Es würde nichts nützen, dies aus Höflichkeit und um Ihnen den Schreck zu ersparen, zu beschönigen. „*Was ist, das ist!*“

Besser, sich den gegebenen Tatsachen stellen und „*Volle Kraft voraus!*“ seinen Teil zum Gelingen eines guten Ergebnisses beitragen.

Ja, es ist wahr: Die Lichtseite hat längst den Sieg davongetragen! Die obersten und „hintersten" kosmischen Hintermänner und Drahtzieher der Dunklen Fraktion haben unseren Planeten bereits freiwillig-unfreiwillig verlassen.

Ihre Macht ist drastisch beschnitten – und sie sind handlungsunfähig in der kosmischen Verbannung angekommen. Doch noch ist GAIA nicht frei von den Handlangern und Strohmännern, die sich geschworen haben, noch möglichst viel Schaden anzurichten.

Und die seit langem angezettelten manipulativen Kettenreaktionen und besendenden Programmierungen laufen unvermindert zu Höchstform auf.

Unsere Arbeit ist jetzt. Sie wissen das alle, aber es war notwendig, es noch einmal zu erwähnen. Auch beim Fußballspiel entscheiden noch die letzten Minuten, wie hoch die Verluste sein werden.

Und im Notfall spielt die Mannschaft vielleicht sogar noch engagierter und gibt sich erst recht kämpferisch, wenn der Trainer auf die Tribüne verbannt ist!

So war also die Situation – und umso dringender war es, den Seminarteilnehmern ihr erweitertes Einsatzgebiet und ihre vollkommen neue Form des Auftrages klar zu machen. Sie wissen schon: „*Bellende Bleistiftspitze sein*" und den erkannten Handlungsbedarf sofort an die kosmisch-galaktische Chef-Etage delegieren!

Die Rückmeldungen der Teilnehmer bestätigten, wie wichtig es war, sich hier als Gruppe zusammenzufinden. So hilfreich sonst auch Webinare zu anderen Inhalten sein mögen – Ashtar hatte nicht umsonst zum Sammeln der „Bodentruppen" geblasen. Geht es doch darum, sich mit den Sterngeborenen Kollegen zu vernetzen!

Im Gegensatz zur Basisarbeit gilt es jetzt, **„im Duett"** zu arbeiten. Einmal, um mit unterschiedlich spezialisierten sensitiven Qualitäten gegenseitig die Hinweise auf aktuelle Aufgaben zu überprüfen, aber auch, um „**Zeuge zu sein**"! Und wo ließe sich besser ein kosmischer „Sternen-Kollege" finden als bei solch einem Gruppentreffen?

Die bombastische Energie, die bei diesem Zusammentreffen so vieler kosmischer „Leuchttürme" zustande kam, ließ das gemeinsame Geschehen und Wirken in einem regelrechten „kosmischen Feuerwerk" enden.

Sehr deutlich waren die kosmischen Freunde um Ashtar präsent gewesen, sehr deutlich später auch die Unterstützung durch die befreundeten Sternennationen, die von allen Seiten sichtbar und fühlbar war.

Wieder wurde mir bewusst, dass unser Zusammensein und unser Seminar wie von kosmischen Fernsehsendern in die gesamte Galaxis übertragen worden war.

All diese Highlights klangen noch in mir nach, als am darauf folgenden Tag meine Nachbarinnen zu einer kleinen persönlichen Feierrunde zu Besuch kamen. Natürlich bitte ich vor einem solchen Treffen um einen Segen, damit das Beste für alle in dieser Zeit geschehen möge.
Und wie immer schlossen sich meine Bitten an: „*Bitte gebt mir die richtigen Worte zur rechten Zeit – und haltet mir bitte den Mund zu, damit ich nichts sage, was für andere unpassend wäre* ". Seminar war gestern – jetzt ging es um Kaffeeklatsch und normalen Alltag!

Als wir alle zusammensaßen, erwähnte ich nebenher kurz meine anstehende Reise und dass ich am Tag zuvor ein Seminar gehalten hatte. Ich hatte keine besondere Absicht mit meinen Worten verbunden.

Ausgerechnet, als ich mit nichts Ungewöhnlichem rechnete, fragte mit einiger zeitlicher Verzögerung eine der anwesenden Frauen nach: „*Was denn für ein Seminar?*"

Die unschuldige Antwort: *„Für Erdheiler"* hätte vollkommen genügt. Fragen Sie mich bloß nicht, warum mein Redefluss nicht mehr zu stoppen war!

Von *„Wie ich Ashtar kennenlernte"* (Vgl. „Buch 3": *„Erste Hilfe" für GAIA und ihre Kinder – Band 2, Kap. 33*) über die Entstehungsgeschichte meines ersten Buches und mein Erlebnis damals im Yellowstone National Park mit der Heilung der Büffel ergab sich eine „wohlgesetzte Rede".

So, als ob ich sie in der Nacht zuvor vorformuliert und auswendig gelernt hätte!

Zunächst war es nur die Antwort an die direkt neben mir sitzende Tischnachbarin gewesen, die ich sehr gerne mag. Bisher hatte ich ihr nur ein- oder zweimal in bezug auf ihren wunderschönen Garten von den Feen, Gnomen und Zwergen erzählt, die ich in besonderen Momenten wahrnehmen darf. Manchmal ...

Hier nun hatten bereits nach wenigen Sätzen die übrigen acht Frauen – wir waren zu zehnt an einer langen Kaffeetafel vereint – ihr eigenes Gespräch unterbrochen und konzentrierten sich mit ihrer Aufmerksamkeit ganz auf mich.

Sehr deutlich war ich mir meiner Worte bewusst, sehr genau auch der Situation – und auch, dass es wieder genau anders gekommen war als geplant. – Als von mir geplant!

Die Worte flossen wie ein klarer Bergbach, dessen sprudelnder Quell sich freut, so vielen Menschen von seinem köstlichen Nass weitergeben zu dürfen, und ich spürte wieder das bekannte Gefühl, dass mir diese Worte eben wie Flüssigkeit in mein weit geöffnetes Kronenchakra eingeflößt wurden.

Natürlich waren es „meine" Worte – doch ebenso deutlich war ich mir bewusst, dass diese Worte den inneren Bildern folgten, die ich jeweils Sekunden zuvor wie in einem inneren Film – diesmal in meinem Hinterkopf – eingespielt bekam. Ich brauchte sie nur aufzunehmen und in Worte zu übersetzen.

Schweigend, alle Augen auf mich gerichtet, und gleichzeitig wie in innerer Schau meinen inneren Bildern folgend, so saßen diese Frauen, die eigentlich zu einem ganz normalen Kaffeeklatsch gekommen waren.

Ich aber hörte mich erzählen: Von Sitting Bull und Buffalo Bill, von den Büffeln, die damals von den Weißen wahllos und nur aus Freude am Töten abgeschossen worden waren und deren Körper dann achtlos liegen blieben…

Ich erzählte von den schwer traumatisierten Seelen dieser herrlichen, kraftvollen Tiere und von dem Unrecht, das dort geschah. Und ich berichtete davon, wie mir auf der Reise damals hellsichtig genau diese so achtlos liegengelassenen Büffel-Leiber gezeigt worden waren, deren Leben durch solch einen schmachvollen Tod vergeudet schien.

Ich sprach von der Achtung, die wir jedem lebenden Wesen der Erde schulden und von dem Schmerz, den GAIA erleidet, wenn einem ihrer Kinder Unrecht geschieht.

Ich erzählte davon, dass unser Planet lange Zeit nichts anderes für mich gewesen war als ein riesiger Klumpen aus Stein, mit Magma in seinem Inneren, und dass ich irgendwann erkannt hatte, dass auch er ein lebendes Wesen mit einer fühlenden Seele ist.

Ich sprach davon, dass in jenen Augenblicken meiner damaligen Reise Heilung geschah, weil diesen Tieren durch mein Mitgefühl und meine Achtung ihre Würde zurückgegeben worden war.

Was ich damals im Yellowstone Park nicht wahrgenommen hatte, wurde mir hier plötzlich nachträglich in einer Rückblende gezeigt:

Auf meiner Reise hatte ich für diese vor langer Zeit verletzten und getöteten Tiere, aber ebenso für die lebenden Tiere, denen ich dort begegnete, in Gedanken das Gebet an die Elohim der Gnade gesprochen.

Es war mein Wunsch gewesen, dass dadurch das Zellgedächtnis dieser herrlichen Tiere von dem kollektiven Trauma gereinigt werden möge. Jetzt aber sah ich, als ich davon berichtete, zusätzlich zu meiner Erinnerung, wie sich die Seelen der toten Büffel damals plötzlich erhoben hatten und langsam und würdevoll davonzogen.

Während ich sprach, hatte ich auf meinem Rücken das bekannte Champagner-Kribbeln wahrgenommen als Zeichen für die hohen Engelebenen, die bei dieser ungewöhnlichen Kaffeerunde anwesend waren.

Später bemerkte eine der Nachbarinnen mir gegenüber, „*dass dies nun wohl nicht ihr Hintergrund sei, sie aber gerne Geschichten höre…*" Eine andere vertraute mir an, „*dass sie wie in Trance gewesen sei und noch stundenlang hätte zuhören können*".

Alles in allem waren es fünf Frauen, von denen ich wusste, dass sie meine Worte als wahr erkannten. Zum Teil hatten wir in einzelnen Gesprächen schon ähnliche Erlebnisse angesprochen. Die anderen Frauen – nun, das wird sich zeigen.

Und obwohl ich von meiner „oberen Leitstelle" wieder einmal ziemlich überrascht und vor vollendete Tatsachen gestellt worden war, wusste ich, dass es so hatte sein sollen! Wir alle, Sie und ich, können nur noch so sein, wie wir in Wahrheit sind: authentische Zeugen für das, was wir als wahr erkannt haben!

Es ist unsere Aufgabe und unsere vornehmste Pflicht, diese Wahrheit auch zu leben als Vorbild für andere, die sich dann wiederum an uns orientieren können, wenn es nötig wird. Und es wird schon sehr bald notwendig sein. Das versichere ich Ihnen!

Zwei Tage nach meiner Einladung erfolgte dann das Attentat von Brüssel, und sogar die Zeitungen sprachen von einem „*Angriff auf Europa*". Wenn die wüssten ...

Umso wichtiger ist es, den Menschen um uns herum MUT und VERTRAUEN zu vermitteln, SICHERHEIT und HOFFNUNG auf eine bessere Welt. Und dazu gehören unsere kosmischen Freunde, ohne deren aktives Eingreifen wir GAIA längst hätten verloren geben müssen.

Danke, ihr Lieben! Danke für all eure Liebe und eure Treue! Und dafür, dass ihr uns nicht vergessen habt!

Kap. 14 Überraschung auf der Fähre

(Christine)

Welche Abenteuer auch auf dieser Reise auf mich warteten und mit welcher Präzision Ashtar die aufeinanderfolgenden Erlebnisse meiner Reise – und damit auch die einzelnen Kapitel dieses Buches – geplant hatte, sollte ich sehr bald merken.

Die erste Überraschung wartete bereits bei meiner Ankunft auf dem Flughafen von San Franzisco in Form des vorbestellten Mietwagens auf mich: Es handelte sich um einen kleinen Jeep Compass mit dem hübschen Kennzeichen COLORADO – UFQ! Nur, dass der Querstrich des letzten Buchstabens so winzig war, dass es sich wie UFO las.

Ein kleiner Scherz meiner kosmischen Freunde, der auch meinem Reisebegleiter zu denken gab… Unser „UFO" sollte uns treu und brav die nächsten drei Wochen begleiten. Zunächst aber fuhr es uns in einen kleinen Ort am anderen Ende der San Franzisco Bay, wo sich unser Hotel befand.

Für den nächsten Tag war ein Ausflug nach San Franzisco vorgesehen. Praktischerweise gab es eine Fährverbindung quer über die Bay direkt zum Hafen dieser schönen Stadt.

Die Fähre verfügte über zwei geschlossene Decks, die mit steilen Treppen verbunden waren. Das offene Oberdeck war durch eine weitere, sehr steile Treppe zu erreichen. Von dort konnte man die wunderbare Aussicht über die Bay genießen.

Alles verlief wie geplant, bis wir nach zwei Stunden wieder zurückfahren wollten. Die Anlegestelle der Fähre war bei Pier 38. Wie in Amerika üblich, wurden die Wartenden mithilfe mehrerer Absperrgitter ordentlich in eine Reihe sortiert.

Die Fähre kam, legte an, und ein Matrose brachte die Landungsstege aus. Nach und nach verließen ca. 30 Fahrgäste das Schiff und wir wussten, dass gleich das Einsteigen beginnen würde.

Aber nein! Nach kurzer Pause kamen weitere Fahrgästeaus dem Schiff, diesmal mit Fahrrädern. Einer nach dem anderen schoben sie ihre Räder vorsichtig über den Steg an uns vorbei. Endlich waren wir an der Reihe!

Doch der Matrose neben der Fähre machte keine Anstalten, uns zu rufen. Noch ein Fahrradfahrer mit seinem Vehikel, dann ein weiterer, noch einer, noch eine Radfahrerin …

Ein wenig wunderte ich mich, wo all diese Fahrräder herkamen – denn so viel Platz war da gar nicht gewesen. Schließlich waren im gesamten Innenraum viele Tische und Bänke fest im Boden verankert.

Dass man die Fahrräder über die sehr engen, steilen Treppen auf das Oberdeck gebracht hatte, konnte ich mir beim besten Willen nicht vorstellen. Aber vielleicht gab es ja ein Unterdeck, das ich nicht kannte.

Während mir diese Gedanken durch den Kopf gingen, hatte es wieder eine kurze Pause gegeben. Aber auch jetzt durften wir noch nicht einsteigen. Eine weitere Gruppe von Passagieren verließ die Fähre, ebenfalls alle mit einem Fahrrad!

Inzwischen begannen die Leute hinter mir bereits zu lachen. Auch sie hatten erkannt, dass hier etwas seltsam war. Ein wenig erinnerte es mich an die beliebte Fernsehsendung *„Verstehen Sie Spaß?"*

Mehr als eine halbe Stunde warteten wir bereits darauf, endlich einsteigen zu können, doch noch immer kamen weitere Passagiere mit ihren Fahrrädern aus der Fähre. Ein Mitreisender zählte insgesamt 250 Personen mit zusätzlich 250 Fahrrädern!

Längst hatte ich erkannt, was hier gespielt wurde. Gerade die Fahrräder und ihre Besitzer in Mountain Bike-Outfits waren es, die mich hatten stutzig werden lassen. Sie erinnerten mich sehr deutlich an eine Begebenheit im Sommer vorigen Jahres, wo mir eine größere Gruppe von Plejadiern auf Fahrrädern im Darsser Nationalpark begegnet war.

Unauffällig testete ich aus: Es stimmte! Sie alle waren kosmische Freunde, die sich hier materialisiert hatten, um die Menschen zum Nachdenken zu bringen. Beim Einsteigen fragte ich den Matrosen, ob es noch ein Unterdeck gibt? *„Nein!"* war die erstaunte Antwort.

Auch auf der Rückfahrt gab es noch eine Besonderheit: Mehrere Personen trugen auffällig violette Kleidung! Auch dies sicher kein Zufall. Es handelte sich um Gäste vom ORION, die sich mir hier ebenfalls diskret als kosmische Freunde zu erkennen geben wollten.

Nicht dass sie mich angesprochen hätten – und doch war da die Gewissheit: *„Auch sie gehören dazu!"* Inzwischen wunderte mich fast nichts mehr – und doch hatten Ashtar und seine Freunde für den nächsten Tag noch eine ganz andere Überraschung geplant!

Zunächst aber meldete sich Ashtar mit einem weiteren Text, der auch sehr gut zu diesem Erlebnis mit den Plejadiern gepasst hätte.

Kap. 15 Je später der Abend, desto schöner die Gäste

(Ashtar)

Geliebte Christine,
geliebte Tochter des Lichts, Ashtar spricht!

„Je später der Abend, desto schöner die Gäste", sagt man bei euch wohl. Nun, für GAIA und ihre Kinder ist es schon ziemlich „spät". Höchste Zeit, dass sie Hilfe bekommen – und in dem Fall Hilfe von den Sternen!

Wir alle, die wir uns zu der Galaktischen Föderation des Lichts zusammengeschlossen haben, um unser Territorium des LICHTES und der LIEBE zu verteidigen, unsere kosmischen Grenzen vor Übergriffen der Dunkelheit zu schützen und unsere Unabhängigkeit zu wahren, haben lange Zeit das falsche Spiel mitangesehen, das hier um die Erde gespielt wird.

Aufgrund unserer eigenen Erfahrungen mit dem Fürsten der Dunkelheit und seinen Stellvertretern erkannten wir recht früh, in welche Richtung die Manipulationen der Menschheit GAIA, unsere geliebte Planeten-Schwester, bringen würden.

Auch wir haben unsere Erfahrungen mit Intoleranz, Übergriffigkeit und „verdeckten Operationen" gemacht. Des seid euch gewiss! Aufgrund unserer eigenen Geschichte und unseres spirituellen Weitblicks fällt es uns leichter als euch, „das Undenkbare zu denken zu wagen", und wir erkennen wie in einem Zeitraffer, „wohin der Hase läuft".

Wie wir euch bereits in „Buch 1" *(„Erste Hilfe" für GAIA und ihre Kinder – Band 1)* sagten, macht es keinen Sinn, die eigene Entwicklung zu forcieren und mit erarbeiteten „Super-Eigenschaften" vorweg zu stürmen, wenn andere Planeten-Geschwister in Dunkelheit, Trauer und Furcht gehalten werden.

Deshalb unterstützen wir GAIA, die Geliebte, die Schöne, von ganzem Herzen und sind auch euch herzlich zugetan!

Schon lange sind unsere Vorposten auf GAIA stationiert, um die Situation zu beobachten und euch, geliebte Freiwillige, in eurer Entwicklung zu unterstützen. Es sind besonders die Sternenvölker von den PLEJADEN, von ARKTURUS und ALDEBARAN, die hierfür spezielle Hilfsprojekte in Gang gesetzt haben.

Aber auch die Sternennationen vom ORION und vom SIRIUS sind an unserer Seite, wenn es darum geht, Übergriffe dunkler kosmischer Invasoren zu vereiteln.

Und es sind nicht zuletzt die weisen Reptilos unter der Führung von RangNar, die mit ihrem besonderen Weitblick, der auf ihren angeborenen Radar zurückzuführen ist, geplante Invasionen der dunklen „Möchtegernhelden" auf GAIA verhindern.

So sind wir denn allzeit um GAIAS Wohlergehen besorgt und greifen ein, wenn es um ihre Sicherheit geht. Dies aber ist uns von GOTT und GÖTTIN bisher nur in bezug auf kosmische Übergriffe gestattet gewesen.

Was bereits auf der Erde in Gang gesetzt war, daran durften wir kraft kosmischer Gesetze nichts ändern, ohne die Legitimierung der Erdgeborenen selbst zu erhalten. Ihr wisst ! Dies war der Grund für einen der größten kosmischen Hilfseinsätze seit Bestehen des Universums:

Denn zu Tausenden inkarnierten sich die Sterngeborenen Freiwilligen auf GAIAS schönem Körper, um dann – als ebenfalls Erdgeborene – das Recht zu besitzen, die Sternenvölker des Lichts und besonders uns von der Galaktischen Föderation des Lichts zu Hilfe zu rufen.

Ihr habt gute Arbeit geleistet, meine Geliebten, auch wenn sehr viele unserer hochgeehrten Freiwilligen in der dunklen Atmosphäre der Manipulationen in Koma ähnlichen Tiefschlaf gesunken sind und sowohl ihre wahre Identität wie auch ihre Mission als Lichtbringer vergessen haben.

Wir erkannten die Gefahr sehr wohl, in die so viele unserer Abgesandten geraten waren! Ebenso wie die echten Erdlinge waren unsere Sternenwesen des Lichts den Manipulationen der Dunkelkräfte anheimgefallen und hatten ihre wahre Identität, sowie auch ihre Macht und Stärke vergessen.

Um hier Abhilfe zu schaffen, beschlossen wir, die Erde und alle Lebewesen darauf mit Licht- und Liebesschwingungen zu fluten, die durch die Zentralsonne der PLEJADEN – und noch einmal durch die Sonne eurer Galaxie – wie durch Verstärker auf euch ausgeschüttet wurden.

Zusätzlich wirkten die hochfrequenten Photonen-Energien des inzwischen erreichten kosmischen Breitbandes, das die Erde turnusmäßig durchquert, der sogenannte „Photonengürtel“. Es war wahrlich bereits „fünf Minuten nach Zwölf“, als unsere gemeinsamen Anstrengungen zu wirken begannen!

Von euch, ihr Geliebten, zu Hilfe gerufen, war und ist es uns möglich, jetzt auch auf der Erde selbst Hilfsmaßnahmen in Gang zu setzen. Viele von euch wissen inzwischen, dass wir unter euch sind!

Und je höher die Energien auf der Erde ansteigen, desto leichter ist es für uns, auch physisch – materiell in Erscheinung zu treten, um euch von Angesicht zu Angesicht zu begegnen.

Natürlich passen wir uns euch in Aussehen und Kleidung ein wenig an – und wir werden nicht von uns aus das Inkognito lüften! Ihr aber – zumindest diejenigen von euch, die dazu bereit sind – werdet uns erkennen!

Wir sind Gäste auf GAIA, das ist wahr. Aber wir kommen – wie alle Gäste – mit Geschenken zu euch, die darauf warten, dass ihr sie in Empfang nehmt.

Und wir können uns durchaus sehen lassen! Ihr werdet keine großen Unterschiede in Aussehen und Gestalt bemerken. Im Gegensatz zu denen, die einst ohne Einladung hier aufkreuzten, um euch zu unterwerfen und zu versklaven.

„*Wie außen, so innen!*“ Wir, die wir in guter und reiner Absicht kommen, sind durchaus von schöner Gestalt.

Kap. 16 Omelette all inclusiv

(Christine)

Auch am nächsten Morgen wollten wir wieder in dem kleinen Bistro wenige hundert Meter von unserem Hotel entfernt frühstücken. Anscheinend waren wir bereits etwas spät, denn es gab diesmal nur noch zwei freie Tische. Ich entschied mich spontan für den kleinen Tisch am Fenster, nahe der Eingangstür.

Rechts am Nachbartisch saßen zwei Farbige. Ein älterer Mann hatte seinen Platz direkt an meiner Seite, ihm gegenüber saß ein jüngerer Mann, möglicherweise sein Sohn. Sie waren ausgesprochen freundlich gewesen, als ich mich erkundigt hatte, ob der Tisch noch frei sei.

Die Sonne strahlte bereits so intensiv, dass ich sogar im Raum die Sonnenbrille aufsetzen musste. Links von mir, an einem Vierertisch, saßen zwei junge Männer. Auch im Sitzen wirkten sie ungewöhnlich groß, wesentlich größer als ich, und sehr schlank.

Auch bei der jüngeren Frau, die jetzt dazu kam und sich direkt links neben mich setzte, fiel mir ihre ungewöhnliche Größe auf. Sie alle trugen Radfahrerkleidung, mit kurzen Leggins. Bei meiner Tischnachbarin fiel mir die leuchtend rote Windjacke mit passendem Stirnband auf.

Der ihr schräg gegenübersitzende Mann weiter links hatte einen leichten Vollbart. Später notierte ich in meinem Tagebuch:

Sie alle lachen strahlend, auf besondere Art. „Plejadier", höre ich, als ich den rechts neben ihm sitzenden Mann anschaue, und es passt. Wie ich mich freue! Sie erkennen mich sicher, auch wenn sie es sich nicht anmerken lassen. Auch sie sitzen voll im Sonnenlicht.

Ich schaue den jungen Mann an, der eben durch die Eingangstür rechts den Raum betritt. Sein Auftreten wirkt in gewisser Weise militärisch. „Wie befehlsgewohnt", denke ich. Er schaut nicht rechts noch links. Zielgerichtet und mit einer sehr intensiven Präsenz, die ich sonst noch selten wahrgenommen habe, durchquert er den Raum.

Er ist sehr schlank, mittelgroß – mit einem kaum angedeuteten, leichten Bart um das Kinn. Hinter ihm folgt ein eher klein wirkender, etwas rundlicher Mann, den man trotzdem in keiner Weise als dick bezeichnen könnte.

Mein Blick fällt auf den jungen Mexikaner hinter der Theke, der bereits gestern unsere Bestellung entgegengenommen hatte. „Arkturianer“, höre ich da. Er trägt blau-türkise Kleidung mit einem Abzeichen auf der linken Brust. Als er sich umdreht, lese ich auf seinem Rücken: New York – COSMOS. Aha.

Hinter mir schaut eine Taube zum Fenster herein. Sie war zunächst auf einem der Tische gelandet, die draußen auf der Terrasse aufgestellt sind. „Franz von Assisi lässt grüßen“, höre ich. Na klar! Wir sind ja im Gebiet von San Franzisco!

Wieder schaue ich mich in der Gaststätte um. An verschiedenen Plätzen entdecke ich Personen mit ungewöhnlich hellblonden Haaren. Sie alle scheinen Plejadier zu sein.

Der militärisch anmutende „Befehlshaber“ kommt zurück, bleibt mitten im Raum stehen. „Ashtar!“, denke ich. „Der ASHTAR?“ – Das kann doch nicht wahr sein!

In dem Moment schaut er sich suchend nach seinem Begleiter um und geht dann noch einmal nach links, um etwas zu holen, sodass ich ihn noch besser beobachten kann.

Es ist eindeutig die Präsenz und die energetische Signatur von Ashtar, obwohl er sich in meiner hellsichtigen Schau sonst etwas anders zeigt. Aber hier ist er wohl getarnt.

Als er zurückkommt, ist der kleinere, rundlichere, eher „quadratisch“ gebaute Mann an seiner Seite. Er strahlt ebenfalls eine sehr deutliche Präsenz aus – auch er ein Anführer, wie es scheint. Onka? – Ist das etwa Onka vom ORION?

Einen Moment lang scheint es, dass er meine Gedanken gelesen hat, er lässt es sich aber nicht anmerken.

Ashtar und Onka vom Orion beide voll materialisiert! Unfassbar! Was ist hier los? Suchend schaue ich mich um und scanne den Raum. Ganz links, ein älterer Mann mit grauem Vollbart und Brille fällt mir ebenfalls auf. Auch an ihm scheine ich eine Energie wiederzuerkennen. Pythagoras? Pythagoras, mein geliebter Freund aus alter Zeit!

Die beiden Farbigen rechts neben mir stehen auf und gehen. Sehr sorgfältig räumen sie zuvor den Tisch ab und putzen die Krümel fort. Zwei weitere Personen, eine Frau in grüner Jacke und olivgrünen Leggins, sehr sportlich, und ein Mann mit rötlicher Jacke kommen herein. „PLEJADEN und ALDEBARAN", höre ich.

Meine Reisebegleitung lächelt. „Schau dich mal um! Da macht jemand Morgengymnastik!" Ich drehe mich um und schaue aus dem Fenster hinter mir. Ein sehr drahtig wirkender, schlanker junger Mann mit Jogging-Tights hat sich über eine Bildtafel gebeugt und streckt und dehnt seinen Körper.

„RysKiAr", höre ich. Hier, im Tarn-Modus, ist er wesentlich kleiner als damals, als er mir in hellsichtiger Schau in meinem Wohnzimmer erschienen war – und diesmal hat er nur zwei Beine. Mit seiner normalen Größe von drei Metern wäre er hier auch zu sehr aufgefallen, denke ich.

Obwohl er sich nichts anmerken lässt, scheint er meinen Blick zu spüren. Er fährt mit seinen Übungen fort, bis ich mir alles genau eingeprägt habe

Inzwischen wundere ich mich über nichts mehr. Zu gut passt alles zusammen. Als ich mich wieder nach links wende und die gut aussehende, strahlende junge Frau mit der roten Jacke und dem roten Stirnband anschaue, verstehe ich plötzlich: „Athena Solara!"

Ihr gegenüber, der junge Mann mit dem Vollbart? „Apollo Solaris!" Direkt daneben, der andere junge Mann: „Anzir von den PLEJADEN!"

Nur auf ihn hatte sich meine erste Information „Plejadier." Bezogen. Wie in Zeitlupe scheine ich alles wahrzunehmen.

Während mein Frühstück gebracht wird, steht der ältere Mann links in der Ecke auf und geht langsam an meinem Tisch vorbei nach rechts zum Ausgang. Erst jetzt bemerke ich seine seltsam altertümliche Kleidung: Gleich zwei wollene Umhängetücher hat er sich umgelegt. Ein heller Filzhut macht das Outfit komplett.

Langsam geht er an mir vorbei zur Tür hinaus und weiter die Straße hinunter. Mehrfach, wie suchend, dreht er sich noch ein paarmal um. Ich nehme es als Gruß an mich, bevor er in der Ferne verschwindet. Mein geliebter Pythagoras!

Plötzlich passt alles zusammen: Franz von Assisi und Pythagoras – beide sind Inkarnationen von Kuthumi, dem Weltenlehrer der Neuen Zeit!

Soweit mein Tagebucheintrag.

Kap. 17 Das Undenkbare zu denken wagen

(Ashtar)

Geliebte Christine,
geliebte Tochter des Lichts, Ashtar spricht!

Heute kommen wir, meine Crew-Mitglieder, wie du immer sagst, und ich, zu dir, um dir zu bestätigen, dass wir uns vor wenigen Tagen tatsächlich „under cover" vor dir materialisiert haben.

Dieses und viele andere „Wunder", wie ihr es nennt, sind nun möglich, weil die exorbitant erhöhten Energien auf eurem Planeten uns diesen Schritt ermöglichten! Und: weil du uns geglaubt und dieses Wunder für möglich gehalten hast!

„***Wunder werden im LICHT gesehen und LICHT und STÄRKE sind eins***“, heißt es in einem eurer Bücher. Gerne, sehr gerne sogar, hätten wir dich persönlich begrüßt, aber es wäre nicht sehr hilfreich gewesen für deine Begleiter und für andere noch erdenmäßig orientierte Gäste des Restaurants!

Umso schöner, dass du uns erkannt hast! Auch Pythagoras lässt an dieser Stelle herzlich grüßen! Wir freuen uns mit dir, dass uns diese Osterüberraschung gelungen ist! In Kürze mehr!

Für diesmal aber soll es genug sein! Du weißt doch: Alles zu seiner Zeit! In LICHT und LIEBE, ICH BIN Ashtar!

Mit mir sind meine Sternenbrüder Onka vom ORION, Anzir von den PLEJADEN, RysKiAr vom SIRIUS und RangNar, mein weiser Reptilo-Freund.

An meiner Seite sind ebenfalls Athena Solara und Apollo Solaris! Auch sie waren vor wenigen Tagen „under cover“ am Nachbartisch, wie du weißt.

Kap. 18 Zeit der Verunsicherung

(Christine)

Alles sehr seltsam! Ich habe mich gewiss nicht aufgedrängt, um ein weiteres Buch mit meinen Sternenfreunden zu schreiben – jedenfalls nicht bewusst. Natürlich freue ich mich, dass dieses neue Buch hier entstehen darf. Aber ich habe wieder einmal keine blasse Ahnung, was hier geschrieben werden soll!

Vielleicht ist es für Sie, liebe Leser, wichtig, genau diese Gefühle der „Verunsicherung“ etwas genauer zu beleuchten, damit Sie sich alle nicht so „allein“ fühlen, so „verunsichert“ und so „verkehrt“.

Es ist wahr: Jeder von uns – bis auf ganz wenige Ausnahmen – befindet sich allein auf weiter Flur und auf einsamem Posten. Aber auch große Leuchttürme, die die Schiffe sicher an schwierigen Küstenabschnitten vorbeilotsen sollen, stehen nicht dicht nebeneinander!

Auch im heimischen Wohnzimmer hat man seine Stehlampen einzeln und gut überlegt in dunklen Ecken aufgestellt – und nicht alle am selben Platz!

Sie alle, die Sie dieses neue „Buch 4“ der Galaktischen Föderation des Lichts hier lesen, dürfen und sollen sich als solche „Leuchttürme“ betrachten: als hellstrahlende „Weg – Weiser“, weithin sichtbar, erleuchtet und erleuchtend!

Gerade in einer solchen Position ist es wahrlich kein Wunder, wenn man sich des Öfteren „alleine“ fühlt, „verunsichert“ und „falsch“! Schließlich fehlt uns ganz einfach die Vergleichsmöglichkeit mit Menschen von der gleichen Art.

Diese Zeiten der „Verunsicherung“ treten immer in besonderen Phasen der Einweihung auf, ähnlich den Zeiten der „LEERE“. Im Gegensatz zum „Zustand der LEERE“ besteht hierbei aber kein Zeitdruck, der die Seele in dieser Übergangssituation mit zusätzlichem Stress belasten würde. Eher im Gegenteil!

Ein besonders (un)beliebtes **Kennzeichen für die „Zeit der Verunsicherung“** ist es, dass nichts voranzugehen scheint. Man fühlt sich irgendwie und irgendwo „im Nirgendwo“. Ein wenig verloren, wie in der Wüste.

Die Spuren des bisherigen Weges scheint der „Wind der Veränderung“ verweht zu haben. Bis man sich nicht einmal mehr sicher ist, dass da zuvor überhaupt ein Weg gewesen ist – ein „zielgerichteter" zumindest.

Im „Zustand der LEERE" weiß man sehr genau, was gerade ansteht im Außen und welches Ziel man (scheinbar) dringend sofort und „am besten bereits gestern" erreichen muss.

Die Herausforderung besteht darin, dass sich (scheinbar) unüberwindliche Hindernisse in den – gut sichtbaren – Weg gestellt haben, die alles unmöglich zu machen scheinen:

ZIEL: ja

Aufgabe: bekannt

Auftrag: dringend

Zeitdruck: drängend

aber STOP!

Hier nun, im „Zustand der Verunsicherung" scheint plötzlich *alles* in Frage gestellt!

„Habe ich mich geirrt?"

„Waren meine vorigen Schritte – welche überhaupt? – wirklich göttlich geführt?"

„Oder habe ich mir das alles – was eigentlich? – nur eingebildet?"

„Was ist überhaupt meine neue Aufgabe? – Nichts scheint hier voranzugehen!"

Ziel: unbekannt
Auftrag: ungewiss
Selbstsicherheit: im Schwinden

Es hilft nur Gottvertrauen und *„Abwarten und Tee trinken"*, wie die Engländer sagen, oder wie die Berliner es nennen: *„Mit Geduld und Spucke!"*

Loslassen und Gott lassen! Ohne zu drängen und zu drängeln! Denn: ***„Gott kommt mit meinem Guten immer zur rechten Zeit!"***

Und wenn ich ganz ehrlich bin, kommt unser Gutes dann plötzlich völlig überraschend und auch nicht immer „ordentlich" und „der Reihe nach". Es ist einfach so. Besser, Sie gewöhnen sich rechtzeitig daran!

Es scheint nämlich **ein besonderes Merkmal der spirituell Achtsamen und Hochsensitiven** zu sein, die zu manchen Zeiten ihre begnadeten übersinnlichen Eingebungen haben, dass zu anderen Zeiten, genau, wenn man es dringend brauchen könnte, ebendiese Hinweise ausbleiben und auf sich warten lassen.

Und so war ich mir, besonders in der gegenwärtig so unglaublichen Zeit der hochfrequenten Veränderungen unserer Welt, plötzlich absolut nicht mehr sicher, ob ich mir da nicht etwas eingebildet hatte, was ich so liebend gerne wollte.

Gerade weil wir nur zu besonders begnadeten Zeiten diese Erlebnisse der deutlichen Hellsichtigkeit und Hellhörigkeit haben – und dann wieder von „9-12 D" auf „31/2 D" heruntergestuft, uns im Alltagsschlamassel äußerst irdischer Wahrnehmungen wiederfinden, verunsichert diese Achterbahn das Selbstwertgefühl ganz schön.

Erst als Ashtar mir eben bereits in aller Deutlichkeit die Überschrift und den Text von Kapitel 17 diktierte – wobei zunächst erst ein Teil des Textes durchgegeben wurde und dann erst die Überschrift –, verstand ich, dass wieder einmal alles seine Richtigkeit gehabt hatte.

Auf gut deutsch: Zuerst kam die Flaute, danach die Verunsicherung und dann kam die Bestätigung durch einen weiteren Text, den ich erst später als Kapitel 20 einfügen soll. Und jetzt sitze ich hier und schreibe Kapitel 18! Aber genau so hat Ashtar es sich für die Reihenfolge im Buch gewünscht.

Da ist plötzlich kein langes Überlegen, kein Nach-Denken und kein Zweifel mehr möglich. Alles ist ganz klar und „abgesichert". Und trotzdem ist es wichtig, dass Sie hier dieses und das nächste Kapitel vor Ashtars Text in Kap. 20 lesen.

Auch, weil ich Ihnen im nächsten Kapitel erst einmal weitere Beispiele und Hinweise geben darf, was mir in dieser Zeit der Verunsicherung geholfen hat.

Kap. 19 Hilfreiche Hinweise

(Christine)

Liebe Leserin, lieber Leser,
Ashtar hat mich gebeten, Ihnen zu erzählen, wie ich mich in der „Zeit der Verunsicherung" verhalten habe. Sie dauerte bei mir übrigens ziemlich genau fünf Tage, in denen ich keine weiteren Texte für dieses Buch bekam.

In **Kontakt mit Ashtar** war ich eigentlich die ganze Zeit über, auch in diesen Tagen – nur gab es völlig andere Themen! Sie hatten – scheinbar – nichts mit diesem Buch zu tun. Vielmehr ging es um sehr konkrete Aufträge zur Heilung der Erde.

Ich war zwar die ganze Zeit über „online", aber eben auf einer anderen Frequenz. Gleichzeitig erhöhten sich die kosmischen Energien in dieser Zeit so enorm wie noch nie zuvor.

Zu allem Überfluss hatte ich eine heftige **„praktische Einweihung"** zu absolvieren. Es handelte sich um die Mutprobe, auf vier- bis sechsspurigen Autobahnen in zwei amerikanischen Großstädten unterwegs zu sein, und zwar zum erstenmal nicht gemütlich als Beifahrer!

Die Situation im realen Alltag war so konstruiert worden, dass nur ich die Lizenz zum Lenken des Mietwagens bekam, weil meine Reisebegleitung aus unerfindlichen Gründen ihren Führerschein zu Hause vergessen hatte. Nach einem zehnstündigen Transatlantikflug war dies nicht unbedingt eine Überraschung, die ich dringend gebraucht hätte

Als kleinen kosmischen Scherz und wohl auch zu meiner Aufmunterung hattenmeine kosmischen Freunde dafür gesorgt, wie ich ja schon erwähnte, dass man uns einen kleinen Jeep mit dem Kennzeichen COLORADO – UFQ zugewiesen hatte, dessen zweite Buchstabenkombination eigentlich eher wie „UFO" aussah. Zu meinem Glück erwies er sich als sehr brav und zuverlässig.

So wurde ich durch eine äußerlich für mich sehr herausfordernde Situation auf die Erweiterung meines Wirkungskreises vorbereitet. Hilfen waren jederzeit zur Stelle und auch die Aufgaben, die mir als Informant meiner kosmischen Freunde zufielen, waren klar erkennbar.

Kurz vor Beginn meiner Reise hatte eine liebe Mitstreiterin von Ashtars „Bodenpersonal" den Titel eines Buches erwähnt, das ich bisher nicht kannte: *„Boten des Lichts"*, von James Twyman.

Ich hatte sofort gespürt, dass dies kein Zufall war und alles darangesetzt, noch rechtzeitig ein Exemplar des 1997 erschienenen Buches zu bekommen, um es auf die Reise mitzunehmen.

Vor mehreren Jahren hatte dieselbe Kollegin dafür gesorgt, dass ich ein Exemplar des berühmten Büchleins *„ET.101"* in die Hände bekam. Kurz danach begannen Ashtar und seine Kollegen, mir unser erstes gemeinsames Buch *(„Erste Hilfe" für GAIA und ihre Kinder – Band 1)* zu diktieren.

Hier nun war klar, dass die *„Boten des Lichts"* wichtige Hinweise für mich enthalten würden, und so las ich darin immer dann, wenn ich den Impuls dazu bekam, und unterstrich alle Sätze, die auch für mich zu gelten schienen.

Es sah so aus, als ob bestimmte Informationen in diesem Buch mich Schritt für Schritt immer wieder an ein Wissen erinnern sollten, das mir eigentlich bekannt war, ohne das mein eigenes „Buch 4" aber nicht weitergeschrieben werden konnte.

Um es genauer zu sagen: Da war diese Verunsicherung, aber ich schob sie beiseite und nährte mein VERTRAUEN und meinen GLAUBEN an die unfehlbare GÖTTLICHE FÜHRUNG, indem ich der so besonderen Lebensgeschichte eines anderen folgte!

Wie immer begann ich mit dem Lesen auch diesmal am Ende des Buches und erkannte dabei sehr schnell, dass es sich ebenfalls um eine Art Erfahrungsbericht handelte. James Twyman erzählt darin von seiner eigenen, fast unglaublichen spirituell-realen Erfahrung, aus der heraus sein Buch entstanden war.

Jedesmal, wenn ich darin las, fühlte es sich so an, als ob das Buch direkt zu mir sprach. Oder als ob meine „Guides", meine Engel und Geistführer, mir genau mit diesem Buch wichtige Hinweise zukommen lassen wollten.

Intensive Träume deuteten darauf hin, dass ich nachts eine **wichtige Schulung** durchlief, ohne die es nicht weitergehen konnte und deren Informationen für meinen weiteren Weg unerlässlich waren.

Als ich schließlich begann, das gesamte Buch ordentlich von vorne an zu lesen, erkannte ich immer deutlicher, dass auch hier der Heilige **Franz von Assisi** eine wichtige Rolle spielte – ebenso wie mein Lieblingsbuch *„Ein Kurs in Wundern"*. Beide waren während meiner Reise bisher ständig präsent gewesen:

Begonnen hatte es in San Franzisco, der Stadt, die direkt nach meinem Lieblingsheiligen benannt worden war – und besondere Worte aus *„Ein Kurs in Wundern"* waren ständig gegenwärtig, wenn ich während des Fahrens die eine oder andere Situation bemerkte, in der GAIA nach Heilung rief.

Kap. 20 Von den Sternen – für die Sterne

(Ashtar)

Geliebte Christine,
geliebte Tochter des Lichts,
Ashtar spricht.

Es ist an der Zeit, unser gemeinsames Buch fortzusetzen. Viele Botschaften, die dir und deinen „Mitstreitern" der vergangenen Tage gegeben wurden, deuten auf große Veränderungen hin.

Niemand von euch weiß im Augenblick Genaueres, aber die alte Zeit nähert sich unwiederbringlich ihrem Ende! „*Und das ist gut so!*", wie ein bekannter Politiker schwierige Informationen zu bekräftigen pflegte, von denen er sich nicht sicher war, wie sie aufgenommen werden würden.

Es gibt, ehrlich gesagt, nicht allzu viele von euch, die bereits so weit fortgeschritten sind auf ihrem Weg, dass sie sich vertrauensvoll der göttlichen FÜHRUNG überantworten – und es gibt nicht allzu viele „menschliche Leuchttürme", die das Potenzial und die Fähigkeit haben, die höchsten kosmischen Energien zu kanalisieren, herunter zu transformieren und weiterzuleiten.

Du und die Leser dieses Buches, ihr gehört beiden Gruppen an. Ebenso die Teilnehmer deiner Seminare! Das ist das Erste, was euch bewusst werden muss!

Als Zweites bitten wir euch, euch in eine neue, nie dagewesene Rolle als „Sternen-Botschafter" hinein zu finden! Wir wissen, dass euch diese Aufgabe auf der bewussten Ebene noch sehr neu ist.

Und doch dürfte euch die Gelassenheit und innere Ruhe, die ihr spürt, während ihr diese Worte hört oder lest, bereits signalisieren, dass dies die WAHRHEIT ist! Auf überbewusster Ebene seid ihr schon lange auf diese Information vorbereitet worden. Sie ist gewiss nichts Neues für euch!

Ihr kommt von den Sternen und ihr seid hier „auf Posten" – wenn ihr so wollt –, um für die Sterne zu arbeiten. Für die euch bekannten und vertrauten „befreundeten Sternennationen des Lichts", genauer gesagt.

Ihr seid „Friedens-Troubadoure" und ihr seid ebenso – wenn auch auf andere Art – geschult und auf euren Auftrag vorbereitet worden, wie unser guter Freund James Twyman, der damals auf unvergleichliche Weise den „Boten des Lichts" begegnete. Wer mag, sollte sich mit der Geschichte von James vertraut machen.

Wir haben dir, geliebte Christine, dieses Buch „in die Hand gespielt", wie wir dir damals das Büchlein *„ET. 101"* über den Weg schickten!

Für alle, die diesen Text gerade hier lesen, möchten wir hinzufügen, dass Christine eben ganz real in der „Stadt der Engel" die Sirenen der Sicherheitskräfte hörte. Solche und ähnliche Synchronizitäten bestätigen euch immer wieder die Wahrheit des gerade eben Gesagten, Gedachten oder Erlebten!

Aber zurück zu eurem Auftrag, **„Friedensbotschafter" der Sternennationen** zu sein. Ähnlich, wie Christine bereits in Kap. 13 ihr Verhalten bei der Einladung für ihre Nachbarinnen beschrieben hat, könnt ihr euch einen Aspekt eurer künftigen Aufgabe vorstellen.

Bitte erinnert euch daran, dass alles darangesetzt wurde, von verdunkelnder Seite den Menschenkindern allergrößte Ängste vor einem physisch-realen Zusammentreffen mit uns „Außerirdischen" einzuprogrammieren. Dabei stammen doch die meisten Erdlinge ursprünglich selbst von den Sternen!

Diese Bemühungen, Ängste zu schüren, treffen hierbei auf fruchtbaren Boden,

- zum einen, da ihr selbst in eurem Zellgedächtnis und in eurer DNA noch die Erinnerungen an den mehr als realen „**Krieg der Welten**“ tragt,
- zum anderen, da ihr viele dieser unbewussten Erinnerungen mit den ebenso unbewussten Erinnerungen an den **Untergang von Atlantis** verquickt habt.
- Als Drittes wurde euch durch eure Religionen immer wieder auf subtile, aber sehr wirkungsvolle manipulative Weise die **Angst vor „Tod und Teufel“** eingetrichtert und mit der kaschierenden Anwendung „heiliger“ Symbole versiegelt.

Es liegt also einiges an Arbeit vor euch! Und es ist notwendig, diese psychisch-manipulativen Hintergründe zu kennen, um nicht zur falschen Zeit die falschen Trigger-Punkte eurer Zuhörer zu aktivieren.

Wichtig auch, damit ihr die möglicherweise heftig ausfallenden Abwehrreaktionen mancher Verängstigter verstehen könnt.

Wir wollen euch also mit diesem Buch Material an die Hand geben,

1. was eure zukünftige Rolle als „Sternenbotschafter“ umfasst,
2. welche Aufgabengebiete damit verbunden sind,
3. woran ihr eure eigene „Legitimierung“ dafür erkennen könnt und
4. was eure wahre Mission euren Mitmenschen vermitteln soll.

Wie schon in den vorigen drei Büchern, die wir mit Christine zusammen geschrieben haben, werden auch hier die Worte von uns so codiert sein, dass weitere Informationen zum jeweils richtigen Zeitpunkt für euch zugänglich werden.

Auch Christine selbst erkennt erst hier nach und nach, was der Titel des vorliegenden Buches umfasst!

Unser neues gemeinsames Buch wird euch also

- für euren aktuellen Auftrag als „Sternenbotschafter“ schulen
- und euch zum einen die notwendigen Verhaltensmaßnahmen vermitteln für eure neue Rolle,
- und zum anderen den notwendigen „Input“, das Hintergrundwissen also, das ihr über uns, eure Sternengeschwister, benötigen werdet, um es an euer interessiertes „Publikum“ weiterzugeben!

Spannende Zeiten erwarten euch – und eure wahre „Mission“ beginnt!

In Liebe und Licht,
Ashtar

Kap. 21 Worte der Wahrheit

(Ashtar)

Geliebte Christine,
geliebte Tochter des Lichts, Ashtar spricht.

Es ist kein Zufall, dass wir dir das Buch über die *„Boten des Lichts“* in die Hände gespielt haben. In diesem Buch von James Twyman geht es um ANGST und LIEBE, basierend auf den Lehren aus *„Ein Kurs in Wundern“*.

Während deiner gesamten Reise schon hast du bemerkt, wie du immer wieder fast wie ein Mantra den einen oder anderen Satz aus *„Ein*

Kurs in Wundern“ in Gedanken sprichst. Bewusst, überbewusst und fast ohne dass es dir so ganz bewusst ist, warum du dies jeweils tust.

Doch, natürlich! Du weißt es selbstverständlich, aber es ist dir bereits so sehr zur inneren Natur geworden, dass es hier für deine Leser noch einmal hervorgehoben werden soll.

Immer dann, wenn du in deinem Alltag eine Situation bemerkst, die nicht der „GÖTTLICHEN ORDNUNG“ entspricht – sei es eine persönliche Herausforderung oder eine Situation, in der die Erde Heilung benötigt – tust du, was Not-wendig ist:

Du wahrst die innere RUHE und den inneren FRIEDEN, indem du dich auf das Wesentliche konzentrierst. Und genau dafür setzt du eins der Mantren aus *„Ein Kurs in Wundern*“ ein!

Natürlich agierst du – oder gehst auf deine Weise auf die Aktion eines „Mitspielers“ bewusst ein. Dazu bist du ja selbst „Spielpartner“ in dem großen Spiel, das LEBEN heißt.

Aber wann auch immer sich eine Herausforderung ergibt, schaust du durch diese Herausforderung hindurch, „darunter“, auf die Ebene der WAHRHEIT – auf die Ebene der „Göttlichen WAHRHEIT“.

Christine war eben versucht, meinen Satz selbst zu beenden. Sie vermutete, dass ich mit meinen Worten *„die Ebene darunter“* die Kausal-Ebene meinte, stoppte dann aber.

Sie merkte, dass es hier in keiner Weise um die Ebene der Ursachen in Form von karmischen Plänen oder Hintergründen geht.

Die Ebene der Göttlichen WAHRHEIT liegt auf einer vollkommen anderen Skala!

Es ist so, als wollte man die Messwerte für Flüssigkeiten mit den Maßen für Entfernungen vergleichen. Sie sind einfach „unvergleichlich“. Sie lassen sich nicht mischen oder kombinieren.

Denn die Ebene der Göttlichen WAHRHEIT duldet keine Abstufung! Sie entspricht der Ebene des LICHTES und der LIEBE.

Dies alles sind Synonyme. Es sind „Strahlkräfte", die alle dasselbe ausdrücken – jeweils in einer anderen Farbqualität.

Ich möchte an dieser Stelle wieder auf das Buch *„Boten des Lichts"* zurückkommen, in dem Christine gerade liest. Wir haben es ihr in die Hand gespielt, damit sie besser versteht, wofür unser gemeinsames „Buch 4" gedacht ist.

Es geht darum, euch alle, geliebte Kinder des Lichts, zu Botschaftern auszubilden, deren höchster und wichtigster Auftrag es ist,

- den Menschen in eurer Umgebung die Angst vor ihren eigenen Sternengeschwistern zu nehmen
- und ihnen die Augen und die Herzen zu öffnen für die LIEBE ihrer galaktischen Familie!

James Twyman wird in seiner Einweihung zum „Friedens-Troubadour" auf der Erde. Es geht in seiner Geschichte um den Frieden zwischen (scheinbaren) „Feinden" in Kriegsgebieten und auch im täglichen Leben.

Bei euch, meine Geliebten, wird es um das Erkennen und Weitergeben der LIEBE innerhalb der galaktischen Familien gehen!

Wir von den Sternen, wissen um die Liebe, die uns alle verbindet.

Wir, die Mitglieder der befreundeten Sternennationen des Lichts, haben in unserer Entwicklung diesen Schlüsselpunkt bereits erreicht und erfolgreich passiert, indem wir erkannt haben, dass wir alle Kinder von GOTT und GÖTTIN sind.

Welche Form der Verkörperung wir auch gewählt haben und welchen Grad der Dichte unsere energetische Manifestation auch ausdrückt: Wir sind alle eins!

Ja, es ist wahr: Genau wie bei euch auch gibt es auch bei den kosmischen Wesen solche, die diese Göttliche WAHRHEIT noch in sich selbst blockieren. Doch dies soll uns jetzt nicht weiter irritieren.

Für euch, geliebte Kinder des Lichts, soll es jetzt einzig und allein – zunächst für lange Zeit – um das Kennenlernen eurer galaktischen Familien gehen! Eure Sternengeschwister erwarten euch!

Sie brennen darauf, euch mit ihren bestgeschulten Fähigkeiten dabei zu helfen, euren Planeten wieder in das Juwel zu verwandeln, als das er von GOTT und GÖTTIN einst erschaffen war.

Ihr kennt nun **eure wahre Lebensaufgabe**, geliebte Kinder des Lichts, und wir möchten Christine an dieser Stelle bitten, einen auch für sie recht ungewöhnlichen Tag ihrer Reise zu beschreiben.

Wir haben dafür gesorgt, dass sie und ihre Reisebegleiter gestern ziemliche Herausforderungen zu bestehen hatten, und wünschen uns, dass ihr an ihren Erlebnissen erkennt, wie hilfreich **die entsprechenden Mantren als „Verstärker"** eingesetzt werden können, **um immer wieder die göttliche WAHRHEIT zu bekräftigen.**

Auch auf euch werden ähnliche Situationen zukommen! Denn noch ist die Erde nicht wieder das Paradies, als das sie einst gedacht war.

Nehmt diese Herausforderungen leicht! So leicht, wie es euch möglich ist! Betrachtet sie als „Krafttraining" – und **wisst, dass ihr immer und zu jeder Zeit Vorbildfunktion habt** für andere – ob euch dies bewusst ist oder nicht.

In Liebe und Licht,
ICH BIN Ashtar,
euer kosmischer Lehrer und Freund.

Kap. 22 April, April

(Christine)

Ehrlich gesagt, ich war mir nicht so ganz sicher, ob das eben tatsächlich Ashtars Wunsch war, dass ich von meinem gestrigen Tag berichten soll Aber vielleicht wollte ich es einfach nicht glauben, weil es ganz gewiss nicht mein Wunsch war, Ihnen von diesem so schwierigen Tag zu berichten!

Zum einen kenne ich noch immer nicht so ganz die Grundidee des Manuskripts, an das ich hier immer wieder geschubst werde. Mir sind nur die Dinge bekannt, die auch Sie, liebe Leser, bisher in den vergangenen Kapiteln gelesen haben – und natürlich meine eigenen Erlebnisse mit unseren Sternengeschwistern.

Nun will Ashtar Ihnen anscheinend an meinen Erlebnissen von gestern verdeutlichen, wie man auch bei stürmischer Alltags-Witterung auf seinem spirituellen Surfbrett die Balance hält. – Und nicht nur das, wie mir scheint!

Er will wohl demonstrieren, wie man zusätzlich zum eigenen Surfbrett noch die Modelle verschiedener Alltagsbegleiter in Balance hält und abschleppt! Kein leichtes Unterfangen und auch nicht, dies „öffentlichkeits-tauglich“ zu notieren, ohne die Privatsphäre lieber Mitmenschen zu berühren…

OK, Ich werde tun, was ich immer in solchen Situationen tue, wenn ich nicht weiterweiß, und um göttliche Führung bitten:

„Bitte, gebt mir die rechten Worte zur rechten Zeit – und lehret mich das Schweigen!“ Oder etwas drastischer ausgedrückt: *„… und haltet mir bitte rechtzeitig den Mund zu, bevor ich etwas Falsches sage!“*

Der Tag – witzigerweise auch noch der 1. April – begann damit, dass eine liebe Reisebegleiterin eingesammelt werden sollte. Es war geplant, zunächst gemeinsam zu frühstücken und dann zwei weitere Mit-Chauffeure bei der Mietwagenfirma bestätigen zu lassen. Wie Sie wissen, hatte bisher nur ich die offizielle Erlaubnis zum Fahren unseres kleinen Jeeps gehabt.

Es ergab sich, dass für unser Frühstück mehrere kleine Gaststätten zur Wahl standen. Wenn wir es einfach halten wollten, d.h. ohne eine weite Anfahrt in Kauf zu nehmen, wäre die Gaststätte am Ort günstig. Aber war sie auch für uns die richtige?

Mein Problem ist, dass ich oft schon in der ersten Sekunde genau spüre, ob etwas für mich passt oder nicht. Solange die Wahl nur mich betrifft, ist es ok. Die Herausforderung beginnt erst dann, wenn sich diese Wahl auch auf andere auswirkt und eine gemeinsame Entscheidung notwendig wird.

Sehr leicht kann dann mein „genau wissen“ als dominantes Verhalten fehl interpretiert werden, und nicht immer habe ich die Geduld abzuwarten, bis eindeutige Zeichen auch die anderen Stimmberechtigten klar erkennen lassen, was für alle das Beste ist.

Zunächst probierten wir es mit der Gaststätte vor Ort. Vom ersten Moment an, als wir sie betraten, hatte ich „keine Lust“, dort zu frühstücken. Es hat nichts mit „nicht wollen“ zu tun. Ich achte einfach darauf, welcher Energie ich mich aussetze, und besonders beim Essen. Mein Körper zeigt mir auch ungefragt sehr deutlich, wo er sich wohlfühlt.

Wenige Gäste, gleich zu Beginn ein Schild, dass Hunde dort nicht erlaubt sind – und das Nächste, was ich sah, waren zwei große Hunde, die mit ihrem Frauchen dort Platz genommen hatten… Was sollte das denn?

Die Tische lagen im Schatten, Menu-Karten waren nirgends zu sehen, so dass es vollkommen unklar war, was uns dort angeboten würde und zu welchem Preis – und die Bedienung schien uns überhaupt nicht zu bemerken. Glücklicherweise war diese Gaststätte auch meinen Begleitern nicht angenehm.

Also weiter, zu dem angesagten Lieblingslokal einer Mitreisenden. Eine weitere Anfahrt, aber es würde sich lohnen. Wie sich herausstellte, ergaben sich auf dem Weg dorthin mehrere Hinweise auf dringend notwendige Erdheilung.

Die nächste Herausforderung: Der Parkplatz! Erst einmal finden und dann einparken Noch war ich es, die unser kleines UFO über die sechsspurigen Straßen der City steuern durfte. Fremdes Auto, fremde Stadt, fremde Verkehrsregelungen Ich blieb ruhig und der passende Platz fand sich.

Zwischendurch hatten ungeduldige Mitreisende empfohlen, ich möge doch besser sie einparken lassen – aber nicht mit mir! Mit der amerikanischen Polizei ist nicht zu spaßen, besonders dann nicht, wenn die Lizenz zum Fahren des Mietwagens nicht vorliegt!

Und da ich den Vertrag für unser UFO unterzeichnet hatte, hätte es auch für mich ungute Folgen gehabt. All dies war mir deutlich bewusst und so lehnte ich das drängelnde Angebot meiner Mitreisenden geduldig ab. Freundlich und geduldig bleiben ist schließlich erste Lichtarbeiter-Pflicht.

Das Lokal war urig und sehr gemütlich, das leckere Frühstück hob die gute Laune um mehrere Meter – bis ein Mitglied der Reisegruppe feststellte, dass es seinen Pass nicht dabei hatte Was bedeutete, die ganze Anfahrt noch einmal zurück in den Vorort

Ohne Pass hätte diejenige den später für sie benötigten Mietwagen für die Rückfahrt nicht abholen können. Gute Miene zur Überraschung – so etwas kann ja mal passieren. Dass auf diese Weise der vergessene Badeanzug gleich mit dem Pass eingesammelt werden konnte, verbesserte ihre Stimmung wieder.

Also raus aus der Stadt, die Strecke noch einmal zurück – und das in dem Wissen, dass wir für das Eintragen der Lizenzen den Weg dann ein drittes Mal fahren müssten. Fahren durfte selbstverständlich ich! Was bedeutete: Mega-Großstadt, vollkommen unbekanntes Terrain, andere Verkehrsgewohnheiten … siehe oben!

Aber die Engel sind hilfsbereit und ich war geduldig. Schließlich wusste ich, dass ich in Kürze von zwei weiteren Fahrern abgelöst werden würde. Eine Woche Highway One und zwei Mega-Großstädte waren wirklich genug!

Der Pass war eingesammelt, die vergessene Badebekleidung ebenfalls, und nun galt es, den Weg zum Flughafen zu nehmen, wo die Mietwagenfirma residierte. Die gute Idee einer Mitreisenden: Vielleicht gibt es bereits in der Nähe eine Niederlassung des Autoverleihers?

Mir war es egal, eigentlich wollte ich lieber zum Flughafen, denn danach warteten noch zwei Zeitstunden Highway quer durch die Wüste auf uns, und das bei sehr hohen Temperaturen. Um es abzukürzen: Das praktische Smartphone – nicht meins – hatte eine Adresse parat, wo wir die Lizenzen ebenfalls abholen könnten – nur hatte es sich geirrt.

Die Firma gab es dort nicht mehr. Das Smartphone hatte es leider nicht besser gewusst. Die gute Laune mancher Reisebegleiter war nicht besonders ausgeprägt.

Meine Affirmationen ***„Ich wähle FRIEDEN, ich wähle LIEBE“***, die ich in Gedanken sprach, beruhigten zumindest mich. Schließlich war ich es, die hier die sechsspurige Hauptstraße durch die City meistern durfte. Auch die **Violette Flamme** war sehr präsent und wirklich hilfreich.

Also doch zum Flughafen! Inzwischen war es Mittag, die Anzeigetafeln zur Mietwagenfirma waren ausgesprochen missverständlich

– was mehrere Extrarunden um den Flughafen bedeutete, inklusive weiterer Stresserhöhung bei manchen urlaubsreifen Mitfahrern – und nirgends eine Parkmöglichkeit. Wirklich nirgends! Egal, wie gut man hätte einparken können!

Auf den Parkplatz der Firma selbst zu fahren, wäre nicht passend gewesen. Denn ein neues Auto abholen wollten wir schließlich nicht, auch keins zurückbringen – und wenn man erst einmal falsch einsortiert war …

Meine Idee, die Situation zu lösen, wurde vehement zurückgewiesen – bis schließlich doch nur noch sie übrigblieb. Und siehe da: Alles löste sich in Wohlgefallen auf. Relativ gesehen. „***GÖTTLICHE ORDNUNG!***“ und „***Ashtar, mach mal…!***“ sind immer hilfreich.

Das Konto meiner Frustrationstoleranz war inzwischen bereits gut beansprucht worden, zumal andere Mitreisende wirklich ziemlich erholungsbedürftig und leicht aus der Ruhe zu bringen waren. Immerhin: Ich war frei und konnte das Fahren jetzt auch ganz legitim anderen überlassen.

Nur, dass es inzwischen Hauptverkehrszeit war – und die Staus auf den stadtauswärts führenden Highways sich anscheinend gegenseitig überbieten wollten. Es galt, immer wieder neu, **Erzengel Michael und den Heiligen Christophorus** um Schutz für die Fahrt zu anzurufen.

Mehrfach war dies auch wirklich bitter nötig, da manche Truck-Fahrer sich nicht gerade höflich benahmen, wenn sie von rechts einscheren wollten. Ich selbst wusste nur zu gut, dass dunkle Mitarbeiter alles daransetzten, zumindest mich einzuschüchtern und das entstehende Manuskript nach Möglichkeit zu vereiteln.

Wie brisant manche Situationen waren, und vor allem was die dahinterstehende Absicht für das riskante Verhalten bestimmter dunkler Verkehrsteilnehmer uns gegenüber war, hätte ich meinen

Mitreisenden nicht erklären können. (Mehr dazu, wie wundervoll wir beschützt wurden, in Kap. 28.)

Es galt, so gut es ging, selbst in Frieden zu sein, um die Ausstrahlung von LICHT und LIEBE als energetischen Schutzmantel um uns und unser kleines UFO so stabil wie möglich zu halten. Natürlich war ich mir des Schutzes von Ashtar und seinen Getreuen jederzeit bewusst – aber trotz allem wollte die Illusion der gerade bestehenden Herausforderung gemeistert werden.

Auch später galt es, immer wieder neu **eine Atmosphäre von Ruhe und Gelassenheit** im Auto zu erbitten. Meine einzige Möglichkeit bestand darin, immer wieder die Violette Flamme um Reinigung zu bitten und mich selber auf FRIEDEN und LIEBE zu konzentrieren, damit der Stress-Pegel anderer Mitreisender keine Chance hatte, auch mich anzustecken.

Es war wirklich nicht einfach! Die Krönung des Tages zeigte sich abends bei unserer Ankunft in der seit langem reservierten Lodge. Selbstverständlich war die Buchung schriftlich bestätigt worden. Nur leider hatte man die zweite Seite unseres Schreibens übersehen und jetzt gab es ein Zimmer und ein Bett zu wenig.

Den ebenso überraschten Angestellten des Hotels die Schuld zu geben, hätte auch nicht weitergeholfen. So ließen wir sie mit dem Auftrag zurück, für uns eine andere Übernachtungsmöglichkeit mit zwei Zimmern und drei Betten zu finden, und begaben uns auf die Suche nach einer Gaststätte.

Ich segnete die Situation und erklärte sie für gut. – Für so gut, wie es mir zu dem Zeitpunkt irgend möglich war. Aus Erfahrung weiß ich, dass Segnen immer hilft, wenn auch manchmal das Ergebnis anders ausfällt als erwartet.

Während des Abendessens war die gute Laune der Reisebegleiter wiederhergestellt – und ich war gespannt darauf, wie sich die Übernachtungsfrage regeln würde. Denn zu dritt in einem Zimmer, eine Person auf Beistellbett – nein, danke!

Tatsächlich, unsere Lodge war fündig geworden! Es gab wirklich noch freie Zimmer in einer anderen Lodge, allerdings direkt an der Hauptverkehrsstraße. Die Alternative wäre das Dreibett-Zimmer gewesen.

Weiter segnen war angesagt und **achtsam bleiben – und den FRIEDEN unter den Mitfahrern segnen und bewahren**. Ich kann nicht behaupten, dass ich vorher wusste, was die bestmögliche Lösung für uns alle sein würde, – und schließlich soll man Chancen nicht unbesehen ausschlagen.

Aber als wir die ersatzweise angebotene Lodge sahen, wusste ich, dass wir dort in der Nacht kein Auge zutun würden! Noch abends um 22.00 Uhr war das Pool-Areal vor dem Gebäude voll von kreischenden Kindern und rauchenden Eltern – und wir hätten unsere schweren Koffer vier schmale Außentreppen hochschleppen müssen.

In dem Fall erschien mir die Übernachtung im ruhigen Zimmer mit Beistellbett doch als die bessere Variante. Und genau das sagte ich dann auch deutlich.

Es war echt anstrengende Psychoarbeit gewesen, immer und immer wieder die Energie auf die göttliche Ebene der WAHRHEIT zu lenken, weg von Frust und äußeren Umständen. Immer wieder hatte es mir auch geholfen, **mein eigenes Energiefeldes durch Erzengel Michael von Angst-Elementalen reinigen zu lassen**.

Ich hatte diese Praktik vor langer Zeit in dem *„Erzengel Therapie Orakel“* von Doreen Virtue gelernt. *„Bitte, lieber Erzengel Michael, reinige mein Energiefeld und meinen physischen Körper von allen toxischen, angstbasierten Elementalen und Gedankenformen!“*, heißt es dort sinngemäß.

In meditativem Zustand kann man dann tatsächlich fühlen und sehen, wie diese energetischen Angstschnüre aus dem Rücken gezogen werden.

Ich möchte nicht wissen, wie der Tag verlaufen wäre, wenn ich nicht immer wieder den **Fokus auf FRIEDEN, LIEBE und GÖTTLICHE ORDNUNG** gelenkt hätte! – Von dem Schutz und der Hilfe der Engel, die ich während meiner eigenen Fahrmanöver auf den sechsspurigen Straßen der City wahrnahm, einmal ganz abgesehen!

Sie sind wundervoll, unsere Helfer aus der Geistigen Welt! Sogar die Verletzung einer Reisebegleiterin, die sich in ihrer Frustration und Wut auf das Klappbett gestürzt und heftig das Knie geklemmt hatte, war am nächsten Morgen nicht mehr wahrnehmbar.

An den Rescue-Tropfen alleine konnte es nun auch nicht gelegen haben. Sogar sie empfand dies als Wunder. „***Wunder werden im LICHT gesehen – und LICHT und STÄRKE sind eins***", heißt einer meiner Lieblingssätze aus „Ein Kurs in Wundern".

Wir hatten es fertiggebracht, das LICHT aufrechtzuerhalten und waren mit einem Wunder beschenkt worden. Ich nehme an, das hatte Ashtar gemeint, als er im vorigen Kapitel von „*Krafttraining*" sprach.

Kap. 23 Was bleibt, ist die LIEBE

(Ashtar)

Geliebte Christine,
geliebte Tochter des Lichts,
Ashtar spricht.

Wir wissen, wie es dir gerade geht! Was du fühlst und was du denkst, kann man deutlich an den Farben deines Energiefeldes ablesen.

Es ist so wichtig, genau diesen Teilaspekt deiner Entwicklung hier als Energie in unser gemeinsames Buch zu integrieren und für deine Leser festzuhalten:

- die überströmende Liebe, in deren Fluten du dich gerade gebadet fühlst,
- das so ungewohnte Gefühl, rundum und vollständig, auch ohne Worte akzeptiert und verstanden zu werden,
- und das so selten erlebte Wissen, dass alles richtig ist, so wie es ist,
- eine unleugbare, zweifelsfreie Gewissheit, dass du „richtig" bist, genau so, wie du jetzt bist.

Jede Unsicherheit, wie denn am Ende des Buches alles zusammenpassen wird und ob du überhaupt für deinen eigenen Auftrag gut genug bist, so wie du bist – all diese „Stolpersteine" und Angstbarrieren, all diese eingeimpften Programmierungen der Unwürdigkeit sind auf einmal außer Kraft gesetzt.

Was bleibt, ist die LIEBE!
Kennst du den Spruch von irgendwoher? *„Aber die LIEBE bleibt…"*, waren die Worte, die du auf den Grabstein deiner Mutter hast setzen lassen. Am Ende, als alles gut war zwischen euch…!

Was du hier gerade erfährst und was dein Herz zum Leuchten bringt, ist *unsere* LIEBE. Es ist die Liebe deiner Sternengeschwister und deiner galaktischen Familie, in die du dich in diesen Minuten eingehüllt fühlst – so deutlich und so unfassbar klar und rein, dass diese Energie alle Worte durchtränkt, die du hier in diesem Kapitel bisher geschrieben hast!

Es ist wie ein riesiges kosmisches Leuchten, das denen den Atem zu nehmen scheint, die unvermittelt seiner gewahr werden.

Stellvertretend für euch alle, geliebte Kinder des Lichts, haben wir Christine hier in unseren Licht- und Liebesfluten gebadet, bis ihr die Tränen kamen und sie nicht mehr lange fragen und austesten musste, ob wirklich ich es bin, der hier zu ihr spricht.

Ihr Herz und ihre Seele kennen den unverwechselbaren Klang des Liebesliedes von den Sternen! Nie wieder wird sie sich fragen müssen, ob dieses Manuskript hier wirklich als neuer Auftrag der Galaktischen Föderation des Lichts geschrieben wird!

Nie wieder wird sie daran zweifeln, dass heute ANTHAR, mein geliebter großer Roter Feuerdrache über ihr schwebte, um auf dem Weg durch die roten Felsen Sedonas Schatten zu spenden – und nie wieder wird sie an ihren doch eigentlich so deutlichen inneren Bildern und den Empfindungen der Freude und der Vertrautheit zweifeln, die ihr zeigten, wie der kleine Steindrache hinter ihr her watschelte auf ihren Wegen und auf ihre Fragen Antwort gab !

euch, geliebte Kinder des Lichts, die ihr diese Worte hier hört oder lest, umhüllen unsere Liebesstrahlen in gleichem Maße. Göttlich codiert, sind sie mit meinen Worten in diesem Kapitel hier verbunden.

Christine hat sie empfangen und wie durch einen verstärkenden Filter sind sie ihren Worten hinzugefügt worden.

Dies ist unser Geschenk an euch, geliebte Sternenbotschafter der Erde, die ihr mir und Christines Worten vertraut. **Eine Einweihung hat stattgefunden und auch ihr werdet niemals mehr an eurem eigenen Auftrag zweifeln!** Das versprechen wir euch!

Ein Reinigungsprozess hat stattgefunden – und ihr alle, die ihr dieses neue Buch hier in Händen haltet, werdet Schritt für Schritt geführt auf eurem neuen Weg zu unserem gemeinsamen Ziel:

FRIEDEN für die Kinder der Erde,
VERTRAUEN für die Brüder und Schwestern von den Sternen,
allumfassende LIEBE von und für eure galaktische Familie!

Was wir Christine heute gaben, gibt sie mit den Worten dieses Buches an euch weiter. Und dieser SEGEN, der euch hier und heute, jedem Einzelnen von euch, persönlich zuteil wird, wird euren eigenen Worten hinzugefügt, die ihr sprechen werdet, wenn ihr euren Menschengeschwistern von mir erzählt.

Es ist ein überfließender, sich immer weiter verstärkender Liebesquell, der hier seinen Anfang nimmt. Denn wir alle sind in WAHRHEIT eins!

Wir alle, die wir von den Sternen kamen, um GAIA, die Geliebte, die Schöne, zu befreien, und ihr alle, die ihr so tapfer auf der Erde ausgeharrt habt, im Wissen, dass eine neue Zeit anbricht und aller Hass und alle Trennung auf Erden Heilung finden werden, sind gleichberechtigte, unendlich geliebte Kinder GOTTES und der GÖTTIN!

„Himmel und Erde werden vergehen …
aber die LIEBE bleibt."

In Liebe und Licht,
ICH BIN Ashtar,
gekommen, euch ins Licht zu führen.

Kap. 24 Alles fügt sich wohl

(Christine)

Liebe Leserin, lieber Leser,
immer noch fühle ich mich erfüllt von der überwältigenden Liebe unserer Sternengeschwister, die Ashtars Worte im vorigen Kapitel begleitet hat.

Es scheint, dass es unsere wichtigste Mission ist, diese Liebe zu vermitteln, wenn wir den Menschen um uns herum von unserer galaktischen Familie erzählen.

Alles ist so seltsam diesmal! Denn kurz nachdem ich von Ashtar den Impuls bekommen hatte, dieses neue Manuskript zu beginnen, begann ich auch mit dem Lesen des Buches über die „*Boten des Lichts*".

Immer, wenn ich ein Kapitel geschrieben hatte, war da der Impuls, wieder im Buch von James Twyman weiterzulesen. Irgendwie scheinen die beiden Bücher miteinander zu tun zu haben – das von James und mein eigenes, das hier entsteht. Noch selten habe ich in einem Buch so viele Sätze als wie für mich geschrieben erkannt.

Immer wieder war da das Gefühl, dass meine eigenen Guides, meine Seelenführer und Lebensplaner, mir auf diesem Wege codierte Informationen für meine eigene Arbeit zukommen lassen wollten.

Es passt natürlich auch deswegen so wunderbar, weil ich selbst, genau wie James, die hilfreichen Hinweise aus „*Ein Kurs in Wundern*" zu beherzigen gelernt habe. Nicht, dass ich ein Experte für dieses so komplizierte Buch der LIEBE wäre ...

Doch mein Herz führt mich nur immer wieder einmal zu einem der **Schlüsselsätze**, von denen der Kurs selber sagt, dass sie transformierende Kraft haben, und intuitiv wende ich diese Sätze dann an:

- entweder als „Verstärker", wenn es darum geht, einem eigenen Einsatz mehr Kraft zu verleihen
- oder auch wie einen nassen Schwamm, mit dem das nicht mehr notwendige Gekritzel auf einer Schiefertafel gelöscht wird, wenn etwas göttlicher INTERVENTION bedarf.

Nein, ich sollte Ihnen jetzt gerade nicht berichten, wo ich diesen göttlichen „Schwamm" zum Löschen manipulativer, in störender, schädigender Absicht in Gang gesetzter Wirkungen anwende – und wohl auch nicht, welches meine rituellen Worte hierfür sind!

„Selber denken, macht schlau", lässt sich meine „obere Leistelle" gerade vernehmen. Sie werden selbst die passenden Worte finden, die Sie dann auch individuell anwenden werden.

Aber zurück zu den Hinweisen, die mir im Bericht über die *„Boten des Lichts"* besonders aufgefallen sind. In diesem Buch, das während der schweren Auseinandersetzungen im ehemaligen Jugoslawien entstanden ist, geht es um die Angst und darum, sie aufzulösen und der Welt den FRIEDEN zu bringen.

Immer wieder wird darauf hingewiesen, dass nur ein Mensch, der in sich selbst FRIEDEN gefunden und die eigenen Ängste aufgelöst hat, dies auch anderen vermitteln kann.

Der gesamte *„Kurs in Wundern"* hat immer wieder das Auflösen der Angst und das Anerkennen der LIEBE als einzige wahre Realität zum Thema. In unseren beiden Büchern geht es darum, die göttliche WAHRHEIT als unveränderlich und ewig gültig zu erkennen.

Ihre Aufgabe, liebe Leser, wird es sein,

- die göttliche WAHRHEIT über unsere Sternengeschwister zu verbreiten
- und über die große LIEBE zu berichten, mit der sie uns begegnen!

Sicher werden Sie bei diesem Unterfangen auf Menschen treffen, deren tiefe Angst vor „Außerirdischen" sie zu heftigen Reaktionen veranlassen kann.

Die „*Boten des Lichts*" haben James empfohlen, auf die einzig wahre Realität zu schauen, die jedem Menschen – und jeder menschlichen Seele – zugrunde liegt: die LIEBE!

Genau dasselbe möchte ich Ihnen hier ans Herz legen! Bitte erinnern Sie sich daran, wenn Sie auf scheinbare Widerstände und lautstarke Ablehnung bei Ihren Mitmenschen stoßen sollten:

Lautstarke Ablehnung ist das Deckmäntelchen für die Ängste, die diesen Menschen anerzogen und einprogrammiert wurden. Aber all dies ist nicht wirklich – nicht real und nicht wahr!

Wir sind alle eins – und so ist es das Beste, in einer solchen Situation die große LIEBE unserer Sternengeschwister für uns zu fühlen – und unsere LIEBE zu ihnen und dann dieses Gefühl zum Strahlen zu bringen.

„*Wie eine Kerze die andere anzündet, so entzündet ein Herz das andere*", heißt es in einem Lieblingsspruch von mir.

Lassen Sie sich bitte nicht auf Diskussionen ein! Der Verstand – oder besser das Ego – wird immer ein „aber" finden. Aber gegen die LIEBE ist der auf „Trennung" spezialisierte Verstand machtlos. Genau wie der Sturm gegen die strahlende, machtvolle Kraft der SONNE!

Sie brauchen niemanden zu überzeugen. Lassen Sie ihr Herz sprechen und haben Sie Geduld. Alles fügt sich wohl! Genau wie die Texte von „*Boten des Lichts*" und meine eigenen Erlebnisse, die hier passend dazu Hand in Hand zu gehen scheinen.

„*Der Heilige Geist weht, wo ER will*", heißt es – und immer wird ER das Herz erreichen, das bereit ist, sich der göttlichen WAHRHEIT über unsere Sternengeschwister zu öffnen.

Wir dürfen dankbar sein für die Gnade, wenn wir als Boten des Heiligen Geistes die Wahrheit über unsere Sternengeschwister verbreiten dürfen!

Kap. 25 Das Wesentliche zuerst

(Ashtar)

Geliebte Kinder des Lichts,
Ashtar spricht.

Kurz bevor wir Christine bestätigten, dass wir dieses neue Buch mit ihr zusammen schreiben wollen, und kurz bevor unsere neue, gemeinsame Reise in die USA begann, baten wir sie, auf einer großen spirituellen Webseite einen Artikel anzuschauen.

Es ging um einen neuen, sehr ausführlichen und in bester Absicht zusammengestellten Text über „Außerirdische". Er war sehr sorgfältig recherchiert – wenn man das in dem Fall überhaupt so nennen kann –, und Christine fühlte sich aufgrund der dort so wissenschaftlich zusammengetragenen Informationen zunächst etwas eingeschüchtert.

An dieser Stelle möchten wir zunächst die gute Absicht derer anerkennen, die hier mutig und voller Fleiß viele Informationen über „außerirdische Rassen" zusammengetragen haben.

Und doch bringt „Wissenschaftlichkeit" und „Verstandes-Wissen" euch alle in dieser Thematik nicht weiter! Auf das Herzkommt es an! Abgesehen davon, dass vieles, was dort geschrieben war – eben gerade weil es nicht mit dem Filter des Herzens überprüft worden war –, in falsche Bahnen geraten ist.

Kurzum: Die Informationen sind zum großen Teil verfremdet und nicht zutreffend. Trotzdem sind wir dem Verfasser dankbar, denn manche Menschen wenden sich neuen Themen erst dann zu, wenn sie einen wissenschaftlichen Anstrich bekommen.

Schon lange fragt sich Christine, warum andere so viel von „außerirdischen Rassen" berichten und sie selbst von uns nur mit den

Vertretern von ORION, ARKTURUS, SIRIUS, den PLEJADEN und den Weisen Reptilos konfrontiert wird.

Auch ich habe ihr in meinem Text in „Buch 1“ *(„Erste Hilfe“ für GAIA und ihre Kinder)*, als ich mich vorstellte, keine weiteren Einzelheiten zu meiner eigenen Herkunft genannt! Sagt selbst: „*Was würde es euch nützen?*“

Ihr alle, geliebte Kinder des Lichts, beginnt doch gerade erst ganz vorsichtig, eure Fühler nach eurer galaktischen Familie auszustrecken!

Einem Grundschulkind nicht unähnlich, das die vier Grundrechenarten lernt und hierbei seine Kenntnisse und Fähigkeiten schrittweise vom Zahlenraum 1–20 auf 100 und dann 1000 ausweitet – was würde es nützen, wenn wir dem Erstklässler bereits von Kurven-Diskussionen und Logarithmen erzählen würden?

Was hilft es, gleich in die Untiefen des großen Einmaleins einzuführen, wenn derjenige das kleine noch nicht beherrscht? So ähnlich auch hier! Ihr alle werdet noch genug Informationen zu verdauen haben!

Aber noch nie waren Lernergebnisse von Erfolg gekrönt, wenn das neu erworbene Wissen nur dem Verstand eingetrichtert wurde.

In das Langzeitgedächtnis werden nur die Informationen integriert, die auch mit Emotionen und Gefühlen verknüpft werden können. Das habt ihr doch in eurer Schulzeit zur Genüge ausprobieren dürfen!

Und nur das, was ihr wirklich mit dem Herzen annehmen konntet, werdet ihr später auch von Herzen weitergeben können!

Lasst euch nicht von scheinbarer Wissenschaftlichkeit selbst ernannter Experten blenden, was die Informationen über uns und unsere Sternenfamilien angeht! Spürt hinein und fragt euer Herz:

- „Ist der vorliegende Text für mich hilfreich?“
- „Bringt er mich weiter?“
- „Und gibt es darin Hinweise, die für mich praktisch anwendbar sind?“

Lasst euch nicht verunsichern! Die „Schule des Lebens“ basiert auf Herzlichkeit und wahrem Gefühl. Kaltes Verstandeswissen hilft euch nicht wirklich weiter!

In LIEBE und LICHT,
ICH BIN Ashtar
und ihr werdet schon alles Wichtige erfahren! Verlasst euch drauf!

Kap. 26 euch zuliebe

(Ashtar)

Geliebte Christine,
geliebte Tochter des Lichts,
Ashtar spricht.

Es mag eine kleine Überraschung für dich sein, dass viele eurer kosmischen Freunde sich entschieden haben, euch zunächst in einer euch ähnlichen Ausstattung zu besuchen. Doch erschien es uns allen der beste Weg, uns euch anzunähern.

Und so ist das, was du bereits staunend in Tiburon erfahren hast und was die wartenden Passagiere am Kai der Fähre in San Franzisco selbst bisher nur zum Teil begriffen, eine gute Möglichkeit, uns euch auf eine Weise bekannt zu machen, die niemanden zu sehr erschreckt oder verunsichert.

Keine Bange: Wir verstecken oder verleugnen unsere wahre Identität auf diese Weise schon nicht! Wer *„das Undenkbare zu denken wagt"* und das Unmögliche für möglich hält, so wie du, dem geben wir uns schon allein durch unser andersartiges Energiefeld zu erkennen.

Alle anderen Mitmenschen von dir werden erst langsam an unsere wahre Herkunft herangeführt. **Solange sie nichts bemerken oder zu fragen beginnen, werden wir uns von unserer Seite nicht zu erkennen geben**.

Auch für uns war diese Maßnahme zunächst neu und ein wenig gewöhnungsbedürftig, doch die inzwischen auf eurem Planeten vorhandenen kosmischen Höchstfrequenzen haben seit der vergangenen Woche zugelassen, dass wir uns in physische Körper gekleidet manifestieren können, die euch ähnlich sind.

Es ist wahr: Wir manifestieren uns dieses „Outfit" so, wie ihr eure Kleidung plant, entwerft und dann nähen lasst – nur, dass bei uns ein einziger Gedanke genügt, um einen gut funktionierenden physischen Körper als Kleidungsstück entstehen zu lassen.

Ein wenig anders ist es schon. Und nicht alle unsere kosmischen Mitstreiter sind geübt in dieser Technik – oder gewillt, sich diesem doch auch für uns ein wenig gewöhnungsbedürftigen Procedere zu unterwerfen.

Nehmt es als **eine Art „Liebesbeweis" euch gegenüber**, der es uns und euch erleichtert, auch in physisch erfahrbaren Kontakt zu treten!

Christine hat sich eben ein wenig gewundert. Sie hörte, als sie beim Schreiben meiner Worte eine kurze Pause einlegte, das Motorengeräusch eines kleinen Sportflugzeuges. Und als sie aufblickte, sah sie über Sedona zwei völlig identische kleine Flieger in nur geringem Abstand absolut parallel fliegen. Höchst ungewöhnlich und so, dass sie zunächst eine optische Täuschung vermutete.

Natürlich war es das nicht – und so erinnerte sie sich zunächst an eine Information, dass sich die fünfte Dimension oft dadurch zu erkennen gibt, dass zwei exakt gleiche Ereignisse oder Anzeichen parallel geschehen.

Sie war sich sehr schnell darüber klar,

- dass es zum einen ein Hinweis auf die Wahrheit und Authentizität meiner Worte ist sowie der inneren Bilder, die sie während des Schreibens wahrnimmt,
- zum anderen aber ist es ein Hinweis darauf, dass wir uns euch gewissermaßen auf zweifache Art zu nähern beginnen:

Für die hochsensitiven, hellsichtigen Mitglieder des Bodenpersonals werden wir es bevorzugen, weiterhin in hochfrequenten Energieformen zu euch zu kommen, die ihr nur ahnen könnt.

In manchen Fällen, wenn es hilfreich und notwendig ist, werden wir das „Outfit“ eines normalen Erdlings annehmen. Alles zu seiner Zeit!

Die Möglichkeit, uns auf letztere Art auch für euch sichtbar zu zeigen, hilft den Mutigen und (im besten Sinne) „Neugierigen“ von uns, Erfahrungen in der Lebensweise eingeborener Erdlinge zu machen, ohne dass sie ihre Fähigkeiten aus „9-12 D“ verlieren.

Stellt es euch bitte so vor, dass unsere kosmischen Mitarbeiter, die diese Lebensweise erproben, im Notfall ähnlich schnell aus ihrem Körper-Outfit aussteigen können wie eure Piloten, die im absoluten Notfall den Schleudersitz betätigen.

Wir rechnen nicht damit, dass diese Hilfsmaßnahme nötig werden könnte, aber möglich wäre es. Keine Angst! Ihr würdet das alles nicht bemerken. Denn jedem von uns ist es gegeben, sich sang- und klanglos im Bruchteil einer Sekunde unsichtbar zu machen!

Hier aber geht es gerade um die entgegengesetzte Form: um das *Sichtbar*-Werden! Nur: Wenn sich RysKiAr mit vier Beinen und in drei Meter Größe manifestieren würde, wäre das für manche deiner Mitmenschen doch etwas erschreckend, nicht wahr? Daher ein kleiner Umweg über die angepasste Körperform.

Bei dieser Gelegenheit möchten wir euch darauf aufmerksam machen, dass viele derer, deren Ziel es war – und immer noch ist –, sich die Erde auf unlautere Weise untertan zu machen, schon lange als **in Menschengestalt verkleidete Reptilos** der „anderen Art" unter euch sind!

Mein lieber Kollege und kosmischer Kampfgefährte RangNar lässt euch ausrichten, dass diese (scheinbar) menschlichen Politiker und Finanzexperten ganz gewiss nicht seinem Volk der Weisen Reptilos angehören!

Es ist uns aber sehr ernst mit diesem Hinweis, dass ihr genau diesen „Menschen", von deren äußerer Gestalt ihr euch als „nicht menschlich" abgestoßen fühlt und deren seltsames und oft gefühlloses Auftreten oder auch deren scheinbar unsinnige Argumente euch innerlich erschaudern lassen, mit allergrößtem Misstrauen und großer Wachsamkeit begegnen solltet!

Es hat nichts mit „hässlich" oder „nicht schön" zu tun – sondern mit „maskiert" und der unguten Absicht eines „Wolfes im Schafspelz".

Wir möchten hier absichtlich keine schriftlichen Hinweise auf bestimmte Personen des öffentlichen Lebens in Europa bzw. den USA geben – und es liegt uns fern, irgendjemanden zu denunzieren.

Aber die intuitiven inneren Bilder von Christine, die meine Worte hier begleiten, werden denjenigen von euch weitere Hinweise zukommen lassen, für die dies wichtig ist. *„Selber denken, macht schlau!"*, wie ihr wisst.

Fragt euch in diesem Fall bitte, ob die wohlgesetzten Worte bestimmter Vertreter des öffentlichen Lebens der Wahrheit entsprechen und ob sie wirklich in ehrlicher Absicht eurem Wohle dienen.

Und dann werdet ihr „1+1" zusammenzählen können, wenn auch diese Ergebnisse eurer Überlegungen zu dem seltsamen, Reptilohaften Aussehen der betreffenden Vertreter hinzukommen.

Allerhöchste Vorsicht ist in diesem Fall geboten, denn die entsprechenden Herrschaften sind nur die Spitze eines Eisberges, der von euch unabsichtlich und in Unkenntnis der wahren Absichten legitimiert wurde, „für euch" – und gegen eure wahren Interessen – weitreichende Entscheidungen zu treffen!

Nebenbei bemerkt, kennen die entsprechenden **Reptilo-Menschen** ihre eigene Identität nicht wirklich, und die wahren Hintergründe ihres Handelns mögen ihnen ebenso wenig bewusst sein.

Betrachtet sie in ihrer Funktion wie Marionetten oder Robotern gleiche „Erfüllungsgehilfen" einer anderen Macht, die sich immer noch bemüht, GAIA und euch zum Schaden zu gereichen.

Einmal aufgezogen und programmiert, wirken diese Roboter noch lange Zeit weiter, auch wenn die Programmierer das Feld geräumt und das Spiel bereits verlassen haben.

Ruft uns zu Hilfe, sobald ihr die wahre Identität eines „Reptilo-Roboters" aufgedeckt zu haben glaubt, **und überlasst uns alles Weitere!**

In Licht und Liebe,
ICH BIN Ashtar,
gekommen, euch zu führen und zu geleiten auf eurem Weg in die FREIHEIT

Kap. 27 Veränderliche Kennzeichen

(Christine)

Es ist doch immer wieder faszinierend, wie und wann Ashtars Beiträge zu diesem Buch hier geschrieben werden wollen!

Gestern war mir und meinem ganz realen Reisebegleiter auf dem Rückweg von einem Ausflug in die umliegenden Berge von Sedona ein Mann als „anders" aufgefallen.

Wir mussten gerade an einer Kreuzung halten, weil die Ampel für uns ROT zeigte, und so fiel mein Blick zufällig auf einen Mann von eher kleinerer Statur, an dem etwas ungewöhnlich war.

Oft kann man gar nicht so schnell benennen, was es eigentlich ist, das die Aufmerksamkeit erregt und intuitiv signalisiert: *„Schau mal! Hier stimmt etwas nicht!"* Er hatte einen absolut Haar-frei glänzenden Schädel, was hier bei der Hitze nicht ungewöhnlich ist, und war in khaki-farbene halblange Hosen, ein orange leuchtendes T-Shirt und Turnschuhe mit Socken gekleidet.

Aber etwas war seltsam, ohne dass ich es gleich hätte benennen können. Fast schien es, als ob auch sein Körper ein für ihn noch ungewohntes Kleidungsstück war, in dem er sich erst zurechtfinden musste!

All dies ging mir in Sekundenschnelle eher intuitiv durch den Kopf – und noch ehe ich meine Gedanken wirklich hätte in Worte fassen können, fing ich den amüsierten Blick meines Begleiters auf.

„Ein Außerirdischer!", war sein lakonischer Kommentar, der mich umso mehr erheiterte, als ich genau weiß, dass mein „3D" bewusster Chauffeur es eher als Scherz gemeint hatte. Aber genau das war es!

Der mittel-junge Mann im Alter von ca. 30 bis 40 Menschenjahren schien seinen physischen Körper über seinem Energiefeld erst noch zurechtrücken zu müssen, bevor er sich an der Ampel in Position setzte, um die Straße zu überqueren.

Auch das menschliche Gehen mit zwei Beinen schien er noch nicht so recht geübt zu haben. Er stakste eher wie Kinder auf Stelzen. Nicht wichtig, woher er kam! Als die Ampel für uns Grün zeigte, war ich wieder um eine interessante Erfahrung reicher.

Beim Weiterfahren dachte ich an Erfahrungen ähnlicher Art, die ich bereits früher hatte machen dürfen:

- damals in der Schweiz die beiden hochgewachsenen Plejadier im Aufzug des Hotels,
- ein andermal eine ganze Gruppe von Plejadiern abends auf Fahrrädern im Wald von Prerow
- und dann Ashtar und seine Crew in Tiburon
- und nicht zuletzt die ca. 250 Fahrradfahrer, die alle mit ihren Fahrrädern in San Franzisco die Fähre verließen

Wieder hatte Ashtar „methodisch-didaktisch einwandfrei“ bei mir zunächst für die entsprechenden Erfahrungen gesorgt, bevor er mir seinen Text durchgab.

Für Sie, liebe Leser, sollte es hier genau umgekehrt sein: Zunächst Ashtars Worte und dann erst meine eigenen Erfahrungen im Nachhinein.

Ich nehme an, er möchte Ihnen hiermit ein paar **Anhaltspunkte** vermitteln, **woran Sie unsere kosmischen Gäste erkennen**, wenn Sie ihnen begegnen.

Am ehesten werden Sie es zunächst an intuitiven Hinweisen bemerken.

- Etwas ist „anders", ohne dass Sie es genau benennen können. Vielleicht haben die frisch manifestierten Gäste „Übergröße", wie im Falle der Fahrradfahrer, die mir im Wald begegnet sind. Sogar ihre Fahrräder waren ungewöhnlich groß. Nicht riesig, nur ein wenig größer als normal.
- Vielleicht sind sie besonders freundlich und grüßen alle mit besonderer Herzlichkeit (auch wieder dieselben Fahrradfahrer im Wald von Prerow).
- Vielleicht ist die Tageszeit oder die Richtung ihres Weges auffallend. (Diese Gruppe von den PLEJADEN fuhr bei beginnender Dämmerung erst in den Wald hinein, was normale Menschen dort um diese Tageszeit nicht machen würden.)
- Vielleicht mag es Sie verwundern, woher die entsprechenden „Menschen" so plötzlich wie aus dem Nichts auftauchen (wir hatten die entsprechende Gruppe vorher nicht kommen sehen).
- Oder es gibt andere „Ungewöhnlichkeiten", wie z.B. bei der Fähre, wo niemals 250 Personen Platz für ihre Fahrräder gehabt hätten!

Es ist so spannend, wie sich hier das gemeinsame Leben mit unseren kosmischen Freunden zu entwickeln beginnt! Freuen Sie sich drauf!

Und doch wäre es vielleicht keine so gute Idee, die kosmischen Freunde, die sich hier zu unserer Freude zu manifestieren beginnen, direkt auf ihre Herkunft anzusprechen!

Kap. 28 Boten des Lichts – auf andere Art

(Christine)

Es stimmt übrigens eigentlich nicht so ganz, dass Ashtar mich bisher nur mit Vertretern von den Heimat-Planeten seiner Crew bekannt gemacht hat. Denn da gab es auch noch Erlebnisse mit den „Grauen", die in dem Fall aber nicht zu den kosmischen Freunden zu zählen sind!

Für mich wirken sie eher wie kosmische Kindergartenkinder, die sich und ihre Fähigkeiten so maßlos überschätzt hatten, dass sie alle Vorsicht außer Acht ließen und so in die Abhängigkeit dunkler Vertreter der kosmischen Fraktionen gerieten.

Sie meinen es nicht wirklich böse, sind aber in vielen, wenn nicht sogar in den meisten Fällen fremdbestimmt und gerne bereit, sich als Besetzung einzunisten! Es ist also hier immer noch äußerste Vorsicht geboten. Dies nur nebenbei bemerkt!

Eigentlich war es meine Absicht, Sie in diesem Kapitel auf weitere Lichtboten hinzuweisen und wie diese oft ebenfalls auf deutlich sichtbare Art auf sich aufmerksam machen. Für Sie als schamanisch bestens ausgebildete Energie-Experten dürfte dies eigentlich keine Überraschung sein.

Nur vergessen wir manchmal, dass es auch solche Möglichkeiten gibt – in guter wie in weniger guter Hinsicht! „*Wie oben, so unten. Wie innen, so außen.*", heißen die Kernsätze, mit denen Hermes Trismegistos Thot uns immer wieder auf solche Übereinstimmungen aufmerksam machen möchte.

Bei den Lichtboten, um die es hier geht, handelt es sich um **die Elite-Einheit der Drachen!** Wie Sie bereits wissen, begleitet mich ANTHAR, Ashtars alter, großer Roter Feuerdrache, auch auf dieser Reise, um für meine energetische und materielle Sicherheit zu sorgen.

Oft habe ich ihn während der Fahrt über unserem Auto, dem lieben „UFQ“ wahrgenommen, während der kleine Steindrache aus dem Steine-Laden in Dresden auf der Rückbank des Autos Platz genommen hatte.

Meist teilte er sich die Bank mit Caja, meiner blonden Hovawart Hündin, die von den Lichtebenen der LIEBE aus ebenfalls oft anwesend war.

Meine eigenen Drachen vergaß ich oft – einfach, weil es so viele Eindrücke waren, die da auf allen Ebenen auf mich einstürmten. Man kann auch nicht mehrere Sender gleichzeitig im Radio einstellen, wenn die Informationen klar herüberkommen sollen!

Unsere Drachenfreunde wissen das, und sie nehmen es uns gewiss nicht übel, solange wir nicht grundsätzlich an der Realität unserer Drachen zweifeln!

Mir helfen immer wieder die wunderschönen Bilder eines Drachen-Orakels, mich auf meine Wahrheit als Drachenreiterin zu besinnen.

Manchmal allerdings möchten unsere uns liebenden geflügelten Reisegefährten uns deutlich an ihre Anwesenheit erinnern. Oft wählen sie hierzu einen physisch inkarnierten Freund von ähnlicher Gestalt, wie z.B. eine kleine Eidechse oder einen Gecko.

So freute ich mich herzlich, als ich beim Eintreffen in unserem Übernachtungsquartier eine kleine Eidechse genau vor unserem Terrassenfenster sitzen sah, die hier ganz offensichtlich auf mich gewartet hatte.

Die Assoziation zu den Drachen war im Umsehen da. *„Nun, meine Liebe? Sollst du mir eine Botschaft überbringen?“* Und sofort war da die Antwort: *„Die Drachen von Sedona grüßen dich!“*

Freudig hüpfte mein Herz und in Gedanken sah ich meine geflügelten Freunde hoch über den roten Felsen mit machtvollem Flügelschlag ihre Kreise ziehen. Ab und zu streckte einer von ihnen den

Hals und stieß das so typische „Kreischen der Freude" aus – einen Schrei, den ich so gut zu kennen scheine.

Ein andermal saß ich vor der Terrassentür, als sich eine Amsel plötzlich demonstrativ auf einen Pfosten setzte. Es scheint eine besondere Amsel-Art zu sein, denn sie hatte einen rostroten Bauch. Ich hatte sie bereits beim Frühstück bemerkt, als sie sehr auffällig am Fenster vorbeispaziert war.

Auch eine Botschafterin? Aber ja! Geflügelt, also stellvertretend für ein geflügeltes Wesen – das war klar. Es war die rostrote Farbe, die mir den entscheidenden Hinweis gab: ANTHAR, Ashtars großer Roter Feuerdrache, hatte sie gebeten, mir mitzuteilen, dass er auf Abruf bereitstehe…

Ich bin wirklich sehr froh um diesen Schutz, den ich auf dem Highway vor einigen Tagen sehr gut gebrauchen konnte! Ein riesiger Truck hatte sich bei einer Einfahrt auf den Highway von rechts neben uns gesetzt und versucht, uns abzudrängen.

Da die linke Spur neben uns besetzt war, war ein Ausweichen nicht möglich gewesen. Vom Beifahrersitz aus hatte ich das hässliche Bild gesehen, mit dem der untere Teil des Fahrerhauses „verziert" gewesen war.

„Wie außen, so innen!" Das gewalttätig erscheinende Symbol ließ auf die entsprechenden Qualitäten des Truck-Fahrers schließen und ich war gewarnt. *„Erzengel Michael, Ashtar, an meine Seite!"* waren meine Gedanken, die ich als Stoßgebet nach oben schickte.

Im selben Augenblick ertönte tief und drohend die Hupe des riesigen LKWs neben mir. *„ANTHAR, mach mal…!"*, bat ich nach oben. Sofort nahm ich wahr, wie sich die Flügel von Ashtars großem, alten Roten Feuerdrachen schützend rechts und links um unser kleines UFO klappten und es unbeschadet an dem Truck vorbeizog.

Unangenehm war es trotzdem gewesen. Noch einmal drohte der Fahrer mit der Hupe. Fast traute ich meinen Augen nicht, denn ANTHAR wandte den Kopf rückwärts, streckte den Hals, und durch meine Schädeldecke und durch das Autodach hindurch sah ich, wie unser geflügelter Schutzpatron eine gewaltige Energie-Wolke ausstieß und drohend zurück fauchte. Welche Liebe, sich so für uns einzusetzen!

Auf den Trails zwischen den roten Felsen nahm ich immer wieder das bekannte Watscheln meines kleinen Steindrachens wahr, der es vorzog, dicht hinter mir zu bleiben und ebenfalls zu Fuß meinen Schritten zu folgen.

An einer Stelle zeigten sich später plötzlich drei Eidechsen zu gleicher Zeit. „*Aha*", dachte ich: „*ANTHAR, mein eigener großer Drache und der Kleine – alle drei im Terzett!*"

Bitte vergessen Sie, liebe Leser, nie, dass auch andere, weniger erwünschte Anwesende als „Abgesandte" fungieren können! Heute Abend entdeckte ich wie aus heiterem Himmel im Badezimmer eine größere schwarze Fliege.

Ich war gerade dabei gewesen, Kapitel 23 zu schreiben, und intuitiv war mir dieses Flugobjekt suspekt und unangenehm. Irgendetwas stimmte nicht mit ihr! Normalerweise helfe ich jeder Spinne und jedem Käferchen ins Freie – dies hier aber schien eher eine unechte Spionagefliege zu sein, einer Drohne nicht unähnlich.

Sofort fiel mir ein neu hinzugekommener Gast ein, der am Nachmittag am Nachbartisch gesessen hatte, als ich gerade Tagebuch schrieb. Er war mir nicht ganz geheuer gewesen und es schien hier einen Zusammenhang zu geben.

Vertrauen auch Sie bitte Ihrem Gefühl! Die Spionagefliege jedenfalls musste dran glauben – zumal es hier sonst in dem heißen Wüstenklima keine Fliegen gibt!

Achtsamkeit und Wachsamkeit sind gefragt, wenn man als Sternenbotschafter gute Arbeit leisten will. Und Spione sind hierbei ganz gewiss unerwünscht!

Kap. 29 Ihr seid die Anker

(Ashtar)

Geliebte Christine,
geliebte Tochter des Lichts,
Ashtar spricht.

Während ihr, geliebte Botschafter der Sterne, hier auf Erden durch mächtige Dimensionstore schreitet, erneuert ihr eure ureigenste Energie von den Sternen, die so lange Zeit verdeckt und „under cover" gehalten werden musste.

Lange wurdet ihr innerhalb eures alltäglichen Lebensraumes von euren engsten Angehörigen als „seltsam" und „anders" angesehen und es war nicht leicht für euch, euren Glauben an eure rechtmäßige Natur zu bewahren – ebensowenig wie euer Vertrauen in das euch innewohnende Erbe eurer Sternennation, das euch nie verlassen hat.

Jetzt, geliebte Kinder des Lichts, ist die Zeit gekommen, wahrhaft die zu sein, die ihr schon immer wart! Damals fühltet ihr euch einsam, verlassen und allein. Jetzt aber ist der Zeitpunkt gekommen, dass Tausende euch folgen werden – und sie werden wünschen, sie wären so wie ihr!

Wir bitten euch, erinnert euch an eure Heimat! Erinnert euch an eure Herkunft von ARKTURUS, vom ORION, vom SIRIUS, von den PLEJADEN und auch von ALDEBARAN!

id, die ihr seid! **Lasst euer Licht erstrahlen und duldet nicht, dass irgendjemand oder irgendetwas euch binde, behindere oder begrenze!**

Christine hat einen wundervollen Spruch, den auch ihr euch zu eigen machen dürft:

„Ich erlaube mir zu glänzen!"

Träumt für die Erde einen guten Traum! Und lasst diesen Traum zur WAHRHEIT werden, indem ihr ANKER seid für die Sternennationen, von denen ihr kamt, um GAIA, die Geliebte, die Schöne, in die FREIHEIT zu führen!

Wann auch immer ihr zu strahlen beginnt,

indem ihr euch erlaubt, zu glänzen und eurer wahren Natur als Sternenwesen in vollem Umfang Ausdruck zu verleihen,

bitten wir euch,

euch in eurer Vorstellung mit Mutter Erde zu verbinden, indem ihr deutlich spürt, wo eure Füße den Boden berühren,

aber mit dem Herzen fühlt das Band der LIEBE, das euch mit eurer galaktischen Familie verbindet –

wie auch euer Kronchakra das lichte Band zu eurem großen Goldenen Engel, dem Heiligen Anteil GOTTES und der GÖTTIN von euch, hält.

Beim Einatmen
zieht die Macht und die Kraft dieser drei kosmischen Freunde in euren Körper,

beim Ausatmen
wendet eure Energie und Kraft in gleichem Maße diesen drei Verstärkern eurer Identität zu.

Ihr seid Kinder von den Sternen, wahrhafte Kinder GOTTES und der GÖTTIN, und ihr seid gekommen, als Kinder der Erde euren Dienst zu tun, um GAIA zu unterstützen!
Erinnert euch an meine Worte und an diese Übung, wann immer ihr euch unsicher seid über eure wahre Mission!

Mit jedem Einatmen nährt ihr eure wahre Identität, denn jeder Atemzug trägt euch codierte Informationen zu, auf eure besondere, individuelle Aufgabe bezogen.

Mit jedem Ausatmen gibt euer Geist, eure Heilige ICH BIN-Gegenwart, eurer galaktischen Familie die Antwort darauf, während ihr euch daran erinnert, dass ihr *„wesentlich seid für GOTTES Plan zur Erlösung der Welt"* (vgl. *Ein Kurs in Wundern*)

In Liebe und Licht,
ICH BIN Ashtar,
gekommen, euch zu führen auf eurem Weg.

Kap. 30 Auch sie gehören zu euch

(Ashtar)

Geliebte Christine,
geliebte Tochter des Lichts,
Ashtar spricht.

Nicht jeder Tag eignet sich für dich, um Botschaften für die weiteren Kapitel dieses Buches zu empfangen. An manchen Tagen ist es notwendig, zuvor praktische Erfahrungen zu sammeln als Grundlage für weitere Texte.

Nicht die Texte von mir sind es in Wahrheit, die dieses Buch wertvoll machen werden für deine Menschengeschwister, sondern deine eigenen Erfahrungen.

Es ist die Resonanz deines eigenen Wesens, die diesen Texten Wert verleiht, weil diejenigen, die meine Worte hier lesen, die Kombination des Wissens mit den Erfahrungen und den gefühlten inneren Bildern, die durch dich hinzugefügt werden, als Ganzes empfangen.

Mentales Wissen alleine nützt euch allen wenig. Davon sprachen wir bereits an anderer Stelle. Es sind deine eigenen, als praktische Erfahrungen empfangenen Gefühle, die deinen Lesern weiterhelfen werden. So auch hier.

Wir wissen sehr gut, geliebte Tochter des Lichts, dass du dir doch wieder ein wenig unsicher warst in den vergangenen Tagen, ob du dich nicht „geirrt" hattest. Es war dein Verstand, dein logisches Denken, das wieder einmal an seine Grenzen des Unglaublichen geriet.

„Weil nicht sein kann, was nicht sein darf...!", wie es in einem eurer Sprichworte heißt.

Mehrfach, bereits vor Wochen, war dein Blick auf Ausflügen auch im europäischen Raum über Hügelketten gestreift, und in deinem inneren Hören war da das Wort „***Reptilo-Burgen***" präsent.

Es war kein Erschrecken, was wir in deinem Emotionalfeld bemerkten, eher ein erstauntes *„So ist das also! Ja, natürlich !"* Denn dein Herz kennt diese Wahrheit bereits seit langem.

Kurz darauf wurde deine Aufmerksamkeit dann wieder von anderen Erfahrungen in Anspruch genommen und du legtest das neu hinzugekommene Wissen „auf Wiedervorlage". Nicht immer ist es Zeit, sich sofort mit Neuem, scheinbar „Unglaublichem", zu beschäftigen.

Hier nun, in der Nähe der roten Felsen von Moab, hörtest du wieder und wieder den Kommentar deiner geistigen Führer, wenn dein Blick die scheinbar so spontan angehäuften Hügelketten erblickte, die am Ufer des Colorado, von zartem Grün bewachsen, vor den roten Felsen sich ausbreiten: ***„Reptilo-Burgen!“***

Kein Erschrecken, nur ein Erkennen! Und je mehr dein Vertrauen diese Erkenntnis zuließ, je bereitwilliger du dich dieser „gesicherten Vermutung“ widmetest, desto mehr gestatteten deine hellsichtigen Fähigkeiten dir, mit einer Art Röntgenblick die unterirdischen Gewölbe der Wohnanlagen zu ahnen, die hier seit langem bestehen.

Du bist dir unseres Schutzes gewiss und du liebst RangNar, den Weisen Reptilo, genauso sehr wie ich. Dies ist der Grund, warum wir es wagten, dir diese weiteren Hinweise zukommen zu lassen.

Für manche deiner Leser mag es an dieser Stelle sinnvoll sein, sich Kapitel 8 aus unserem gemeinsamen „Buch 1“ *(„Erste Hilfe“ für GAIA und ihre Kinder)* noch einmal vorzunehmen.

Hier werdet ihr, geliebte Kinder des Lichts, eine großartige Schilderung der wahren Umstände finden, wie das Volk der Reptilos von dunklen Magiern gebannt und unter die Herrschaft kosmischer „*Nicht*-Freunde“ gezwungen wurde.

Viele Ängste vor Drachen und gefährlichen Sauriern in eurem kollektiven Unbewussten nahmen in dieser Zeit ihren Anfang, denn die Reptilos wurden gegen ihre ursprüngliche Absicht und entgegen ihrer friedfertigen Natur zu dem gemacht, als das sie euch erscheinen: als fleischfressende Ungeheuer und Feinde der Menschen.

Wir können und dürfen euch an dieser Stelle noch nicht die gesamte Geschichte erzählen – ihr würdet manches noch nicht ertragen.

Doch so viel sei euch bereits mitgeteilt, dass **RangNar und sein Volk der Weisen Reptilos** euch damals halfen, euch als Erdlinge auf GAIA anzusiedeln – lange bevor die „Anderen" die Macht ergriffen.

Später erfolgten Zuchtversuche, die dazu führten, dass **die wilden Reptilos** entstanden, die ihr als Saurier kennt. Sie mutierten zu den Kampfmaschinen, als die sie programmiert und gezüchtet worden waren.

Es ist wahr, dass zu Zeiten von ATLANTIS Experimente stattfanden, Reptilo-Identitäten in Menschenkörper einzupflanzen. Viele eurer machthungrigen Persönlichkeiten haben diese Anteile in sich.

Hellsichtige sind imstande, diese Ahnenlinie in ihrem Körperbau zu erkennen. Auch das Verhalten vieler Vertreter dieser Menschenwesen verrät ihre Herkunft.

Bitte: **Wertet nicht! Geht aus der Wertung! Sofort!**

Denn nur ein Herz, das von LIEBE und MITGEFÜHL für *alle* Wesen erfüllt ist, vermag die GÖTTLICHE WAHRHEIT zu erahnen!

Auch aus anderen Gründen ergaben sich Verknüpfungen von menschlicher Rasse und dem Erbgut mancher Reptilos! **Also wertet nicht!**

Hier nun, bei den von Christine erkannten Reptilo-Burgen, handelt es sich um die Wohnstätten derer, die den Menschen freundlich gesinnt waren und in eine andere Dimension eintraten, um weder dem einen noch dem anderen Lebensplan folgen zu müssen.

Es sind diejenigen, die wählten, sich aus der sichtbare Ebene zurückzuziehen, als ihre Kameraden versklavt und gebannt wurden. Andere wieder wählten es, ihre Statur zu minimieren und **als Echsen** ihrer Seele einen für Machthungrige eher unbrauchbaren Körper zu geben.

Bitte: Wenn ihr euch mit der Urgeschichte der Menschheit und mit den Anfängen allen Lebens befasst, tut es in LIEBE und mit MITGEFÜHL für eure damaligen Gefährten aus alter Zeit!

Viele eurer Märchen erzählen von gefährlichen Ungeheuern, die gezähmt wurden, wenn ein Mensch ihnen in LIEBE begegnete. Es ist an der Zeit, eure Vergangenheit zu ehren und euer großes Misstrauen, das viele von euch noch den Reptilos im Allgemeinen entgegenbringen, zu überdenken und zu revidieren.

RangNar, mein treuer Freund und Kampfgefährte, bittet euch noch einmal darum! Nehmt eure „Werkzeuge" des MITGEFÜHLS und der VERGEBUNG zu Hilfe und heilt, was noch der Heilung bedarf. Auch in euren eigenen Ahnenreihen! Denn in Vielen von euch mag ebenfalls noch das Erbgut der *Weisen* Reptilos präsent sein!

Wo sich dominantes Gehabe bei gegenwärtig inkarnierten Reptilos zeigt, die – ohne ihre Vergangenheit und ihre wahre Identität zu kennen – ihrem Machthunger freien Lauf lassen, **seid trotzdem auf der Hut!** Die Programmierungen ihrer Drahtzieher mögen immer noch wirksam sein – euch zum Schaden.

Hier zögert nicht, uns sofort zu Hilfe zu rufen, indem ihr von eurem Recht als inkarnierte Sternenwesen Gebrauch macht!

In Liebe und Licht,
ICH BIN Ashtar,
und wir sind an eurer Seite, euch zu schützen und zu führen.

Kap. 31 Über alle Maßen geliebt

(Ashtar)

Geliebte Christine,
geliebte Tochter des Lichts,
Ashtar spricht.

Immer noch scheinst du nicht so ganz zufrieden zu sein, dass wir dir und deinen Lesern hier nicht mehr mentales Hintergrundwissen über eure kosmischen Freunde und eure galaktischen Familien vermitteln!

Dabei weißt du doch: *„Man sieht nur mit dem Herzen gut!"* Die wahren Geschichten von den Sternen erkennt und erfährt nur der, der dafür offen ist. Der, der die Sterne liebt und seiner eigenen inneren Wahrheit vertraut!

Nur über die Herzensverbindung und die emotionalen Erinnerungen eures Zellgedächtnisses werden all diese Informationen weitergegeben – und noch dazu sehr individuell!

Was ihr aber wissen solltet, ist, dass ihr alle, die ihr diese Zeilen hier lest oder meine Worte hört, über alle Maßen geliebt werdet für euren MUT, eure TAPFERKEIT und eure TREUE!

Ihr alle, die ihr gewählt habt, den großen und verantwortungsvollen Dienst für GAIA und ihre Kinder auf euch zu nehmen, seid in unzähligen Inkarnationen bereits zuvor für andere Hilfseinsätze auf anderen Planeten im Einsatz gewesen! Ihr seid Spezialisten dafür, auch wenn ihr dies kaum glauben könnt.

Vor sehr langer Zeit bereits kamen viele von euch zunächst nach LEMURIEN, später nach ATLANTIS und dann mit Hermes Trismegistos Thot zusammen nach ÄGYPTEN.

Christine erinnert sich sehr deutlich an die Abreise, als die sieben großen Boote von der Küste ablegten. Es war eure Pflicht, das Heilige Wissen von den Sternen zu retten und zu bewahren für eine andere Zeit.

Und so bestiegen Hermes Trismegistos Thot, der Staatslenker von ATLANTIS, zusammen mit der Großen Mutter, der Hohen Priesterin, und ihren Kindern, den Söhnen und Töchtern der Alten Zeit, das vorderste Schiff. In Wehmut grüßten sie die Zurückbleibenden, von denen sie wussten, dass die meisten das Unglück nicht überleben würden.

Nur sechs der sieben großen Boote erreichten ihr Ziel. Das letzte, das erst vom Ufer abstieß, als bereits das Grollen der Erde den Hellhörigen im Schlafe erschien, ging in den Fluten zu Bruch.

Durch die anderen Schiffe aber wurden die Kultgegenstände und das Heilige Wissen nach Ägypten überführt. Unsere Brüder und Schwestern vom SIRIUS waren es, die dort den Aufbau der Hochkultur unterstützten.

Genau wie Hermes Trismegistos Thot selbst kamen die ersten Pharaonen von den Sternen. Die vergrößerten Hinterköpfe, die bei den Darstellungen von Echnaton, Nofretete und ihren Kindern in euren Museen zu sehen sind, zeugen von einer anderen Welt.

Sie sind auch der Grund dafür, warum die Kronen der Pharaonen solche besondere Größe haben! Lange Zeit war die geheime Verbindung der Pharaonen zum SIRIUS ihr Zugang zu Wissen und Weisheit, ebenso wie ihr Schutz.

Auch ISIS und OSIRIS leiteten die führenden Persönlichkeiten von Ägypten an, ihr Volk im LICHT zu führen. Doch wo Licht ist, bahnt sich auch Dunkelheit ihren Weg. Ihr wisst!

Es war an der Zeit, das Heilige Wissen von den Sternen zu verbergen und zu bewahren für eine Neue Zeit!

Zusammen mit ISIS hatten **die Hathoren** zum Wohle der Menschen gewirkt. Je tiefer jedoch die Schwingung auf der Erde sank, desto unerreichbarer wurde die Quelle des Heiligen Wissens für die, die es nur zur Erweiterung ihrer eigenen Macht anzuwenden gedachten.

Nicht einmal den Priestern war mehr bewusst, dass die Bildnisse der rituellen Göttergestalten an den Friesen der Tempel der Wahrheit entsprachen.

Die Baumeister der Tempel von einst hatten auf ihr Wissen um die kosmischen Freunde von den Sternen zurückgegriffen, wenn sie Menschen mit Tierköpfen darstellten. Spätere Generationen hielten diese Bilder für Göttergestalten, die mit blutigen Opfern verehrt werden wollten.

Wie wenig dies alles der Wahrheit entsprach, erkennt ihr daran, dass auch die Schönheit der Hathoren in ihren Darstellungen verfälscht wurde. Statt schlanker Gesichter voller Anmut wurden sie als „platt" und „breit" abgebildet, mit abstehenden Ohren und grobem Profil.

„Wie oben, so unten! Wie innen, so außen!" Nichts entsprach mehr der Kraft und der Macht derer, die einst von den Sternen kamen, den Menschen der Erde Wissen und Weisheit zu schenken.

Nun aber ist eine neue Zeit angebrochen. Viele der damals in höchstes Wissen eingeweihten „Töchter und Söhne der SONNE" sind zurückgekehrt. Viele Sterngeborene erinnern sich ihres alten Wissens.

Willkommen zurück, geliebte Kinder des Lichts! Über alle Maßen seid ihr geliebt!

ICH BIN Ashtar,
und ich kenne euch wohl.

Kap. 32 Immer noch

(Christine)

Liebe Leserin, lieber Leser,
obwohl ich doch nun bereits seit vielen Jahren mit Ashtar und seinen Sternenbrüdern auch auf bewusster Ebene in Verbindung stehe, ist es für mich immer noch eine Herausforderung, all das zu glauben, was ich von ihm erfahre – obwohl ich es doch sehr wohl als wahr erkenne!

Dies sei Ihnen allen zum Trost gesagt! Die manipulativen Programmierungen vonseiten der Religionen und durch die Medien haben Jahrhunderte lang ganze Arbeit geleistet.

Ebenso wirksam sind die ELF (Extremly Low Frequency) Strahlen, die über Handy, Smartphone und andere elektronische Geräte verbreitet werden.

Zusätzlich wirkt das kollektive Massenbewusstsein wie energetischer Sand im Getriebe unseres Bewusstseins.

Heute Morgen habe ich während des Frühstücks sehr deutlich Ashtar und seine Begleiter auf einer der roten Felsklippen wahrgenommen, wie sie salutierten und mir grüßend zuwinkten.

Ich hatte nicht danach gesucht und meinen Blick ohne Absicht über das herrliche Felsmassiv schweifen lassen. Und da waren sie! Deutlich wahrnehmbar für meine hellsichtigen Augen, standen sie wie in militärischer Ordnung aufgereiht nebeneinander.

Ganz links war Ashtar.In meiner Vorstellung konnte ich sogar ihre blauen Uniformen wahrnehmen! Vor fast zwei Jahren hatte ich an gleicher Stelle hoch über mir auf dem gleichen Felsen ihr Shuttle parken sehen.

Und doch wechseln tiefe Sicherheit und Vertrauen in meine eigene Wahrnehmung immer wieder mit dem normal -ungläubigen Alltagsdenken ab. Es sind nicht eigentlich Zweifel.

Es scheint sich eher um eine Art energetischer Anstrengung zu handeln, die entsteht, wenn der deutlich spürbare Gegenwind des so ganz anders orientierten Bewusstseins meiner Mitmenschen überhand zu nehmen scheint.

Vielleicht sind es auch Müdigkeit oder schwindende Selbstsicherheit, die mich manches Mal daran hindern, mir und meiner hellsichtigen Wahrnehmung ständig immer voll und ganz zu vertrauen. Zu viele unserer Art wurden Leben für Leben getäuscht!

Wir wurden ent-täuscht und uns wurde unser inneres Wissen so viele Male ausgeredet und bei Strafe verboten. Doch „*Wunder werden im Licht gesehen. Und Licht und Stärke sind eins!*“, heißt es im „*Kurs in Wundern*“.

Eine unserer Aufgaben wird es sein, uns immer und immer wieder unseres eigenen inneren Wissens zu versichern! Wenn nicht wir – wer dann? Denn:

„Du bist heute der Bote Gottes.
Du bringst Sein Glück
zu allen, die du erblickst,
und Seinen Frieden zu jedem,
der dich anblickt
und Seine Botschaft
in deinem glücklichen Gesicht sieht.

...

Und IHM antwortest du jedesmal,
wenn du dir sagst,
dass du wesentlich bist

für Gottes Plan
zur Erlösung dieser Welt.“

(Ein Kurs in Wundern, Übungsbuch Lektion 100, Vers 6 und 10)

Genau deshalb ist es so wichtig, uns gegenseitig in unserer sensitiven Wahrnehmung und unserem inneren Wissen zu bestärken. Vorsicht und Überprüfen dürfen sein – sollen sogar sein.

Doch jeder von uns hat seinen inneren Sensor, der ihn darauf aufmerksam macht, wenn etwas nicht der Göttlichen WAHRHEIT entspricht. Nutzen Sie ihn! Und folgen Sie Ihrem Gefühl!

„Der Körper lügt nicht!“ Wenn Sie spüren, dass etwas gut und richtig und glaubwürdig ist, vertrauen Sie Ihrem inneren Gefühl! So wie ich heute in der Gaststätte hier am Ort:

Der junge Mann, sehr jung, sehr blond und von etwas anderer, sehr schlanker, ungewöhnlicher, aber sehr schöner Kopfform – er erinnerte mich im Aussehen an etwas, was ich zunächst nicht benennen konnte.

Seine Herzlichkeit und sein natürliches Auftreten ließen den Raum heller wirken – und erst später ahnte ich, dass auch hier ein junger Abgesandter von den Sternen Dienst tut.

Am nächsten Morgen waren alle Zweifel verschwunden. Im Gegenteil: Bei einer weiteren Fahrt bekam ich sehr deutlich ein Gegenbeispiel geliefert, das mich im Vertrauen in meine sensitive Wahrnehmung bestärkte.

Wieder waren da Erhebungen, die man nach den Erfahrungen mit den früheren Hügeln für Reptilo-Burgen hätte halten können – wenn man der Logik und dem Verstand die Führung überlassen hätte. Aber nein! Es war ganz klar spürbar: Diese Hügel hier waren anderen, natürlichen Ursprungs.

In diesem Augenblick erinnerte ich mich wieder an meine ersten sensitiven Lektionen vor langer Zeit: Damals, vor vielen Jahren, hatte ich spontan die Seele meiner ersten Hündin Aischa an meiner Seite gespürt.

Es war noch so neu für mich, dass ich es trotz aller Freude nicht glauben konnte. Damals hielt ich meine Wahrnehmung von Aischas Seele zunächst für Einbildung, weil ich mich so sehr nach meiner Hündin sehnte und ohne sie so alleine fühlte.

Um die Situation zu überprüfen, versuchte ich mir die Anwesenheit meiner Hündin diesmal absichtlich auf der anderen Seite vorzustellen. Aber es funktionierte nicht! Meine Wahrnehmung blieb spontan und „ungeplant" dort, wo sie zuerst gewesen war. Ich konnte sie nicht absichtlich verändern.

Hier nun, bei weiteren „Unglaublichkeiten", habe ich erkannt, dass es **zwei Indikatoren** gibt, die dafür sprechen, dass solche Wahrnehmungen echt sind:

- Wenn sie spontan auftreten, aus einem ruhigen Gemütszustand heraus,
- und wenn sich das wahrgenommene Bild nicht absichtlich auf eine andere Stelle oder Situation übertragen lässt.

So war auch heute bei unserer Rückreise wieder Ashtar samt seinen Begleit-Shuttles sehr deutlich durchsichtig präsent. Die Shuttles eskortierten zunächst mein kleines UFQ auf der Rückfahrt zum Flughafen, und später nahm ich unseren kosmischen Freund kurz vor dem Abheben des Flugzeuges wahr.

Auch ANTHAR war zur Stelle, um unser Auto und später den Flieger schützend zu begleiten. Kurz überlegte ich, wo wohl der kleine Steindrache geblieben sein mochte – und schon war die Antwort da:

Über dem Flugzeug kuschelte er sich eng unter ANTHARs rechten Flügel. Da war kein Zweifel möglich!

Kap. 33 Zu eurer eigenen Sicherheit

(Ashtar)

Geliebte Kinder des Lichts,
Ashtar spricht.

Auch wir möchten zu Christines vorigem Text noch ein paar Worte hinzufügen. Es ist normal, dass und wenn ihr euren noch ungewohnten Wahrnehmungen oft nicht so recht traut. Dies ist uns, ehrlich gesagt, sogar sehr lieb!

Gerade was die Erfahrungen einer Begegnung mit kosmischen „Unbekannten" angeht, sollte dies immer nur im abgesicherten Modus erfolgen.

Wir möchten an dieser Stelle darauf hinweisen, dass Christine selbst sich damals bei den ersten hellsichtig wahrgenommenen Begegnungen mit mir und meinen Gefährten jedesmal sofort absicherte, indem sie sofort Jesus Christus/ Sananda zu Hilfe rief.

Wir schätzen diese Vorsichtsmaßnahme sehr! Damals ging es nicht so sehr darum, ob ich es wirklich bin, sondern ob ich wirklich von guter, vertrauenswürdiger Art bin und von der Licht-Seite! Ihr wisst inzwischen sicher alle, wie eng Sananda und ich in Freundschaft verbunden sind.

Später war es für Christine eher noch fraglich, ob wirklich *ich* es bin, der sich unter dem Namen Ashtar bei ihr für ihre hellhörige und hellsichtige Wahrnehmung meldet, oder ob ein sehr irdischer Bekannter oder Unbekannter sie in meinem Namen zu täuschen versucht.

Auch das ist mehrfach versucht worden, aber diese Täuschungsversuche sind jeweils in wenigen Sekunden erkannt und aufgedeckt worden.

Wie sehr Christine sich jeweils absichert, bevor sie meinen Worten vertraut, hat sie zu Beginn unseres ersten gemeinsamen Buches *(„Erste Hilfe" für GAIA und ihre Kinder – Band 1)* beschrieben.

Ein weiteres Beispiel für dringend notwendige Vorsichtsmaßnahmen ergab sich bei ihrer Erfahrung mit dem „Kleinen Grauen":

Hier war die Vorsicht besonders berechtigt, denn Christine selbst ist schon Menschen begegnet, die eine Besetzung von einem grauen „Kollegen" mit sich herumgetragen haben. Christine erkannte dies u.a. an der auffallend grauen Gesichtsfarbe der Personen.

Ihr seid zwar von uns – und besonders von den Arkturianern – geschützt, sodass neue Übergriffe kosmischer „Nicht-Freunde" inzwischen nicht mehr zugelassen werden, aber *„selber denken, macht schlau"*, wie ihr wisst.

Auch energetische Übergriffe von nicht mehr inkarnierten Schwarzmagiern und anderen Personen, die entsprechende schwarzmagische Besetzungen mit sich herumtragen, können leider immer noch nicht ausgeschlossen werden. Hierfür ist unser zweites gemeinsames Buch *(„Erste Hilfe" für Lichtarbeiter)* sehr wertvoll.

Vertraut bitte den nicht manipulierbaren, spontanen Reaktionen eures physischen Körpers, wenn sie auftreten! Gedanken und Gefühle könnten manipuliert werden – aber der Körper lügt nicht!

Es geht nicht darum, Angst zu verbreiten. Aber ein wenig müsst ihr schon auch selbst für eure materielle und energetische Sicherheit sorgen! Diese Verantwortung können und wollen wir euch nicht abnehmen!

In Liebe und Licht,
ICH BINAshtar.

Kap. 34 So – oder so

(Ashtar)

Geliebte Kinder des Lichts,
geliebte zukünftige Botschafter der Sterne,
Ashtar spricht.

Abschließend möchten wir euch noch einmal deutlich drei unterschiedliche Varianten aufzeigen, wie sich unsere kosmischen Kollegen und eure galaktische Familie mit euch in Verbindung setzen können.

Vielleicht sollte ich besser sagen: „… wie sie sich künftig in eurem Leben zeigen werden."

Alle hier beschriebenen Erfahrungen sind auch für Christine noch ziemlich neu und etwas gewöhnungsbedürftig. Daher noch ein kleiner Exkurs zu diesem Thema.

Es wird in Zukunft immer öfter der Fall sein, dass ihr mit eurer galaktischen Familie oder mit kosmischen Freunden in Kontakt kommt. Hierbei möchten wir zwischen bewusst von uns herbeigeführten Kontakten und anderen Begegnungen mit Kollegen von den Sternen unterscheiden.

Zur ersten Gruppe gehören Besucher, die ihr hellhörig bzw. hellsichtig wahrnehmt und die ganz bewusst mit euch Verbindung aufzunehmen wünschen. Es handelt sich in dem Fall um Kontakte, in denen euch eine Botschaft übermittelt werden soll oder eine bewusste Bekanntschaft geknüpft werden will – von unserer Seite.

Diese Besucher werdet ihr normalerweise trotz eurer fortgeschrittenen energetischen Entwicklung auf der Erde **ausschließlich hellsichtig bzw. hellhörig** wahrnehmen.

Der Hauptgrund liegt darin, dass wir eure Umgebung durch unser Auftreten nicht beunruhigen wollen. Auch geschieht das Erkennen von eurer Seite aus wesentlich sanfter, wenn ihr auf sensitiver Ebene angesprochen werdet.

Die zweite Art, wie ihr kosmische Besucher wahrnehmt, wäre **in materialisiertem**, physisch „3D" – erfahrbarem **Zustand**!

In diesem Fall kann es sich entweder um tatsächlich inkarnierte Sternenfreunde handeln, wie z.B. bei den beiden jungen Plejadiern, die Christine im Hotel begegnet sind, oder um spontan materialisierte kosmischen Freunde, wie z.B. mich und meine Crew-Mitglieder zu Beginn von Christines Reise in der Nähe von San Franzisco.

Es handelt sich hier eher um „Demo-Veranstaltungen", bei denen wir uns in menschlichem Outfit – aber dennoch deutlich „under cover" zeigen. Christine erkannte uns genau – und auch wir wussten und spürten an den Reaktionen ihres Emotionalfeldes sehr genau, dass sie uns erkannt hatte.

Wir waren deutlich in überbewusstem, telepathischem Kontakt miteinander, aber eben äußerlich eher nebeneinander. Dies diente der Sicherheit, damit nicht andere normale Erdlinge, die ebenfalls anwesend waren, einen Schock bekämen.

Und dann sind da noch diejenigen, die sehr deutlich von den Sternen kommen, als Menschen inkarnierten, evtl. als **Walk In**, denen dies aber **nicht wirklich bewusst** ist. Bitte lasst euch nicht verleiten, sie auf ihre Herkunft anzusprechen!

Oft folgt dem bewussten Eintritt in einen menschlichen Körper eine Zeit „kosmischer Amnesie", die ihr als Anpassungsreaktion betrachten könnt.

Für heute genug!
In Liebe und Licht,
ICH BIN Ashtar,
und ich überbringe die herzlichsten Grüße von der Galaktischen Föderation des Lichts. Es sei!

4. TEIL
DIE ARBEIT BEGINNT

Kap. 35 Die Vereidigung

(Ashtar)

Geliebte Christine,
geliebte Kinder des Lichts,
Ashtar spricht.

In den vorangegangenen Kapiteln haben wir viele Tipps und Hinweise zusammengestellt, wie wir uns eure Arbeit als Sternenbotschafter vorstellen und was wir in dieser Hinsicht von euch erwarten.

Anhand von Christines eigenen Erfahrungen habt ihr viele Informationen erhalten, in denen es um Fragen zu uns und unseren kosmischen Freunden geht.

Die Zeit schreitet voran und ihr alle auf GAIA macht unglaubliche Quantensprünge, was euer spirituelles Bewusstsein und eure Akzeptanz des „Unglaublichen" betrifft. Denn eure Seele erinnert sich!

Es ist für uns alle eine unglaubliche Freude, diese so schnell voranschreitende Entwicklung bei euch allen zu beobachten. So ist es nun also eure Aufgabe, als unsere Botschafter von den Sternen eure Arbeit aufzunehmen.

Bitte erklärt mit den folgenden rituellen Worten **eure Zustimmung** hierzu. Denn auch ein normaler Botschafter auf der Erde wird zuvor vereidigt.

„Im Namen
meiner Göttlich-Geistigen ICH BIN-Gegenwart
und meiner kristallinen Kernmacht

erkläre ich hiermit meine deutliche Absicht,
als Sternenbotschafter auf der Erde wirksam sein zu wollen!

Ich weiß, dass ich selbst ein auf Erden inkarniertes Sternenwesen bin.
Ich bin unendlich glücklich,
dass die Zeit der Einsamkeit von GAIA nun beendet ist

und sie wieder in den Verbund
der befreundeten Sternennationen des Lichts
und der Galaktischen Föderation des Lichts
zurückkehren wird.

Ich kann es kaum erwarten, meine galaktische Familie
und meine kosmischen Freunde wiederzusehen.

Gerne bin ich dazu bereit,
auch meine jetzt noch unbewussteren Menschengeschwister
von dem Zusammenleben mit unseren kosmischen Freunden
zu informieren und ihnen mein Wissen hierüber weiterzugeben.

Ich weiß, dass bei diesem für viele Menschen
zum Teil noch Angst-besetzten Thema
Achtsamkeit geboten ist,
und werde auf meine innere Führung achten.
Sie wird mir die richtigen Worte geben zur rechten Zeit.

Meine Freude möge auch ihre Freude sein,
in Übereinstimmung mit SPIRIT
und zum höchsten Wohle von GAIA
und ihren Kindern! Es sei!“

Kap. 36 Je einfacher, desto besser

(Ashtar)

Geliebte Christine,
geliebte Tochter des Lichts,
Ashtar spricht.

Heute vor einem Monat hast du deine große Reise angetreten in ein Land, dem deine Liebe gilt, zu den roten Felsen in das Land der „Indianer". Viele von ihnen, die ihr aus euren Wild West-Geschichten kennt, waren Abkömmlinge von den Sternen. Sie lebten im Einklang mit der Natur und mit den kosmischen Gesetzen.

Die „Weißaugen", wie die Besatzer ihres Gebietes später von ihnen genannt wurden, nachdem sie ihnen ihren Lebensraum gestohlen hatten, fühlten sich ihnen mit ihrer Logik bei weitem überlegen.

So ist es auch heute! Die Menschen, die an der Wissenschaft orientiert sind und die Gesetze logischen Denkens anbeten, fühlen sich denen, die mit dem Herzen zu sehen gelernt haben, ebenfalls überlegen. Auch ihr hattet darunter zu leiden, dass man euch und eurem wahren Wissen keinen Glauben schenkte.

Jetzt aber ist eine neue Zeit gekommen! Zu viele von eurer Art gibt es bereits und das Bewusstsein der „GOTTES-Kinder", die sich wie die damaligen Ureinwohner Amerikas Mutter Erde verbunden und für sie verantwortlich fühlen, hat von Tag zu Tag mehr Gewicht.

Du selbst bemerkst einen Unterschied bei den Menschen, wenn du ihnen von deinem Wissen und deinen Erlebnissen berichtest. Werdet euch dieser Veränderung bewusst und nutzt das Interesse an eurem Wissen, das man euch inzwischen entgegenbringt!

Wir haben Christine heute zu Studienzwecken mehrere Stunden lang durch das Internet geführt auf der Suche nach wissenschaftlichen Informationen über mich und mein Volk, die Santiner. Allerdings haben wir sie immer wieder gestoppt, wenn sie sich zu sehr festlesen wollte.

Denn wir möchten, dass sie unsere Worte für dieses Buch vollkommen unvoreingenommen aufnimmt, ohne vorher ein Wissensschema anderer „Botschafter" übernommen und verinnerlicht zu haben.

Ja, es gab auch früher Kontakte von unserer Seite – aber es gibt auch genügend Missverständnisse an mancher Stelle.

Ihr alle, geliebte Kinder des Lichts, die ihr hier meine Worte lest, würdet zweifelsfrei meine Stimme erkennen. Ihr würdet wissen, wann ich es bin, der in jenen Worten spricht, und wann nicht. Der Sensor eures liebenden Herzens würde euch deutliche Antwort geben.

Wir sagten schon einmal: Was würde es euch nützen, zu viele wissenschaftliche Details über mich und uns zu erfahren? Hier und jetzt geht es in unserem gemeinsamen „Buch 4" um das *Erfahrungswissen*, das euch wirklich und wahrhaftig im Herzen berührt!

Nur dieses „Herzens-Wissen" vermag eure interessierten Mitmenschen mit wirklichen Antworten zu erfüllen! **Nur das, was euch wahrhaft beeindruckt hat** und euch von Nutzen sein kann, **wird auch die Kraft haben, die Herzen eurer Zuhörer zu berühren!**

Deshalb werdet ihr diese Geschichten als „lebendiges" Wissen im Gedächtnis behalten und zu gegebener Zeit darauf zurückgreifen können.

Es ist uns auch sehr wichtig, dass Christine euch hier im nächsten Kapitel ein weiteres Beispiel für eine Lektion weitergibt, die mit den Veränderungen der Erde zu tun hat. Sie hat sich vor wenigen Tagen zufällig ergeben.

Im Nachhinein war Christine erstaunt, mit welcher Leichtigkeit sie hier komplizierte Sachzusammenhänge zur gegenwärtigen Transformation der Erde wiedergegeben hat. Denn dies lässt sich normalerweise nicht so leicht erklären. – Euch schon!

Aber bedenkt bitte: Es wird in eurer Arbeit als Sternenbotschafter um Menschen gehen, für die all dieses Wissen noch sehr neu und fast unglaublich ist.

Genau wie Christine, werdet ihr es mit Situationen zu tun bekommen, in denen sich plötzlich und unerwartet für euch die Gelegenheit ergibt, über diese Veränderungen zu sprechen, wenn die Gelegenheit günstig ist!

Es sind dies die **Kernthemen**, die es zu vermitteln gilt: beispielhafte Lektionen

- zu kosmischen Freunden,
- und der Galaktischen Föderation des Lichts,
- zur Situation der Erde im Kampf zwischen LICHT und „Noch nicht – Licht"
- und zu den gegenwärtigen Veränderungen der Erde
- und den sich hieraus ergebenden Anpassungsreaktionen.

Ihr werdet hier also zum einen selber geschult, und zum anderen bekommt ihr die Beispiele und Lektionen von Christine zum Abgucken, wie man dieses Wissen möglichst einfach und unkompliziert weitergibt! Wir haben Christine nicht zufällig vorher durch eine Ausbildung als Grundschullehrerin geschickt!

Je besser ihr selbst versteht, desto einfacher könnt ihr dieses Wissen weitergeben! Hiermit übergebe ich das Wort wieder an Christine.

Kap. 37 Sie werden es wissen…

(Christine)

Liebe Leserin, lieber Leser,
Ja, ich weiß ! Hätte ich mal ! Hätte ich bloß damals gleich aufgeschrieben, wie diese Lektion zustande kam, von der Ashtar hier eben gesprochen hat. Ich wusste doch, dass sie wichtig sein würde für dieses Buch.

Aber dann kam so viel anderes, was in diesen Tagen wichtig war, und immer dachte ich: „*Später* " Und jetzt, wo es bereits Zeit ist, all die längst fertiggestellten Kapitel in den Laptop zu schreiben, sitze ich hier und grusele mich, weil ich nicht weiterweiß!

Ich weiß nur: Dieses Kapitel muss geschrieben werden – Ashtar besteht darauf. Und ich komme mir vor wie damals in der Schule, als ich dem Lehrer beichten musste, dass ich die Hausaufgaben nicht gemacht hatte… Kennen Sie dieses Gefühl?

Und doch ist da die untrügliche Gewissheit: „*Das war kein Zufall! Es war sicher kein Zufall, dass mir dies hier passiert ist! Ashtar wusste doch ganz genau, dass ich diese Erfahrung nicht aufgeschrieben habe. Und trotzdem bringt er mich hier in diese Situation. Es muss irgendein Sinn dahinterstecken, dass es so gekommen ist.*"

Vielleicht, dass er damit ein Beispiel liefern will, wie man sich erinnert, wenn es wirklich wichtig ist? Denn auch Sie werden diese beispielhaften Lektionen hier nicht auswendig lernen – und wahrscheinlich werden Sie dann genauso in der Patsche zu sitzen glauben und denken: „*Hätte ich mal…! – Hätte ich bloß den Text von Christine damals besser gelesen!*"

Viel wichtiger als meine damals nicht gleich notierte Lektion scheint diese Übung hier zu sein: **Darauf zu vertrauen, dass sich**

die Worte schon fügen werden, wenn es darauf ankommt! Und dass Sie immer genau zur richtigen Zeit am richtigen Ort sind, genau so wie Sie sind!

Es ist bereits sehr, sehr lange her, dass ich eine sehr wichtige Erfahrung gemacht habe, und anscheinend ist genau sie es, die hier erzählt werden will. Damals, vor sehr, sehr langer Zeit hatte mir eine sehr gute Freundin anvertraut, dass sie die Absicht hatte, an einem Lehrgang für Trauerbegleitung teilzunehmen.

Ich wohnte damals noch in der Gegend von Bonn. Die richtige Wohnung im Frankfurter Raum war noch nicht bezugsfertig, und ich hatte abends mehr Zeit, als mir lieb war. Plötzlich war mir vollkommen klar, dass ich an diesem Kurs für Trauerbegleitung teilnehmen würde. Irgendwie schien es sehr wichtig zu sein.

Eigentlich war dieser Kurs als Ausbildung für Menschen gedacht, die bereit waren, den zuständigen Krankenhauspfarrer im Notfall zu vertreten, wenn gerade ein Patient gestorben war und es darum ging, mit den Angehörigen zu reden.

Sehr deutlich war mir bewusst, dass ich selbst niemals diese Aufgabe würde erfüllen können. Denn meine Zeit im Bonner Raum war begrenzt. Sie würde gerade noch ausreichen, an allen abendlichen Kursterminen teilzunehmen – aber für die eigentliche Arbeit würde ich nicht mehr zur Verfügung stehen.

Trotzdem war der Pfarrer einverstanden, und das Thema interessierte mich sehr. Es gab sehr viele Informationen zum Thema „Sterben“, zu den einzelnen Phasen der Trauer und wie man therapeutisch mit den Angehörigen Kontakt aufnimmt.

Ein Abend ist mir besonders im Gedächtnis geblieben. Unsere Aufgabe war es, uns zu überlegen, wie wir den Angehörigen die traurige Nachricht überbringen könnten, aber die Teilnehmer waren ratlos.

Der junge Pfarrer, der doch selbst diese Aufgabe gestellt hatte, ließ sich von der Unsicherheit meiner Mitschüler anstecken und wusste ebenfalls keine Antwort. Überall Ratlosigkeit, Verunsicherung, die Angst, „etwas falsch zu machen"... Und ich selbst verstand die Welt nicht mehr!

„Also, ich verstehe diese Unsicherheit, ehrlich gesagt, überhaupt nicht!" hörte ich da eine mir nur allzu gut bekannte Stimme sagen. *„Darum mache ich mir jetzt wirklich keine Sorgen!* ***Wenn es soweit ist, werde ich genau wissen, was zu sagen und zu tun ist!"***

Na, ist doch wahr! *„Alles, was ich brauche, wird mir gegeben. Alles, was ich wissen muss, wird mir gesagt. ICH BIN immer zur richtigen Zeit am richtigen Ort!"*

Das einzige, was mich wirklich wunderte, war die Tatsache, dass der junge Pfarrer nicht darauf gekommen war! Er hätte es doch eigentlich am besten wissen müssen, dass wir immer die Hilfe bekommen, die wir brauchen! Besonders dann, wenn es darum geht, Mut, Trost und Vertrauen zu vermitteln.

Es scheint, dass ich damals gar nicht so sehr selbst etwas lernen sollte in dem Kurs, sondern dass meine Aufgabe darin bestand, den Teilnehmern dieses Vertrauen zu vermitteln!

Es geht gar nicht so sehr um angelerntes „Wissen", sondern um die praktische Anwendung des eigenen Glaubens und des persönlich erfahrenen Herzenswissens! Und anscheinend war ich dafür genau die Richtige in diesem Verein!

Auch Sie, liebe Leserin, lieber Leser, werden genau wissen, was es zu sagen gilt, wenn es notwendig wird! Und es werden genau die Themen sein, mit denen Sie sich sowieso auskennen. Mag sein, dass Sie gerade am Tag zuvor davon gehört oder im Internet einen Artikel gelesen haben – auf jeden Fall werden Sie genau richtig sein für die Aufgabe, die Ihnen zugeteilt wird.

Bedenken Sie bitte: Es geht nicht darum, eine Prüfung abzulegen vor irgendwelchen Experten! Die Menschen, mit denen Sie es zu tun haben werden, haben höchstwahrscheinlich keine Ahnung von dem Thema – und es geht nicht einmal so sehr darum, hier Wissen zu vermitteln, sondern ihr Herz zu berühren, indem Sie von dem berichten, was auch ihr Herz berührt hat!

Jetzt ist mir auch klar, warum es gar nicht wichtig war, die Lektion von damals aufzuschreiben – auch wenn sie wirklich genial war! Sie sollen ja nicht „Christine Stark" sein, sondern Sie selbst!

Was bin ich froh! Denn ich hatte wirklich zuerst ein schlechtes Gewissen. Sie haben es sicher gemerkt. Hoffentlich haben Sie auch gemerkt, wie ich diese Hürde eben überwunden habe. Und da können Sie vielleicht wirklich ein wenig abgucken – auf Ihre Art!

Hier also noch einmal kurz **das Grundsätzliche:**

1. Ich wusste, „ich bin dran" – und es ist meine Aufgabe. Egal, wie…! Und ich hatte absolut keine Ahnung, wie!
2. Was mir geholfen hat, diesen Text hier zu schreiben, war zunächst das Prinzip: *„Einfach anfangen!"* Egal, wie! Die Worte werden sich schon finden!
3. Da war meine Bereitschaft, zu tun, was immer mir möglich war – auch wenn die Situation noch so verfahren zu sein schien.
4. Und da war das tiefe Vertrauen, dass sich alles zum Guten entwickeln würde. Denn wir werden niemals allein gelassen mit unseren Aufgaben!
5. Und da war die Erfahrung: Eins ergibt das andere – einen Schritt nach dem anderen! („Wie bei einer Paketschnur." – Erinnern Sie sich an „Buch 2"?)

6. Und plötzlich war da die Idee, was ich erzählen könnte! Zuerst war es nur die zaghafte Erinnerung an den Kurs, an dem ich damals teilgenommen hatte, und ich dachte: *„Das passt hier nicht!"* – Doch das innere Bild kam immer wieder. Bis ich merkte: *„Genau das ist es, was hier erzählt werden will!"*
7. Erst zum Schluss verstand ich auch, warum mir dieser scheinbare „Fehler" passiert war, die für dieses Buch doch so wichtige Erfahrung nicht rechtzeitig aufzuschreiben. Es war gar kein Fehler gewesen! Denn es ging gar nicht um diese Lektion!

In WAHRHEIT ging es darum, dass wir immer die Hilfe bekommen, die wir brauchen! Und genau das war es, was ich Ihnen hier eigentlich vermitteln sollte. Alles war genau so, wie es sein sollte!

Erinnern Sie sich noch an die scheinbaren „Fehler" in „Buch 2" *(„Erste Hilfe" für Lichtarbeiter)*? Die „virtuelle Fahrprüfung" wäre nie zustandegekommen, wenn ich mich damals „richtig" verhalten hätte.

Anscheinend will Ashtar Ihnen hier gerade noch etwas ganz Wichtiges mitteilen:

Bitte stellen Sie sich darauf ein, dass auch Sie Fehler machen werden – und ich kann Ihnen versichern, dass dies kein sehr angenehmes Gefühl ist!

Aber **oft sind es die scheinbaren „Fehler", aus denen dann erst das wahrhaft Gute und Große erwachsen kann**. Vielleicht werden Sie das Gefühl haben, über das Ziel hinausgeschossen zu sein oder die falschen Worte benutzt zu haben, die falschen Beispiele...

Oder dass Sie besser ganz den Mund hätten halten sollen! Glauben Sie mir, für genau dieses Gefühl bin ich absolut Experte! – Und dann, viel später, begegnet Ihnen dieser Mensch wieder, wo Sie damals dachten: *„Um Himmels Willen – wie konnte ich nur...!"*

Und Sie werden erkennen, dass es genau das Richtige war, weil dieser Mensch jetzt von sich aus auf Sie zukommt und es wagt, Fragen zu stellen, die er niemand anderem stellen könnte! Genau diese Situation ist mir schon oft passiert – und dieses Glücksgefühl kenne ich so gut, wenn mir dann plötzlich bewusst wird: Genau so sollte es sein!

Kap. 38 Mit gutem Beispiel voran

(Ashtar)

Geliebte Christine,
geliebte Tochter des Lichts,
Ashtar spricht.

Wir sind sehr froh darüber, dass du heute Morgen deiner inneren Führung gefolgt bist, die dich davor warnte, an einem bereits zugesagten privaten Treffen teilzunehmen. Es wäre aus verschiedenen Gründen absolut nicht gut für dich gewesen, diese Räume zu betreten, und plötzlich wusstest du es.

Da gab es keine Möglichkeit für Kompromisse, denn diese Führung war sehr klar und deutlich. Mit deinen Worten *„Ich wähle FRIEDEN, ich wähle LIEBE"*, die du in Gedanken immer wieder gesprochen hast – und mit unserer Hilfe –, war es dir möglich, dich aus der Situation auszuklinken, ohne beschuldigt zu werden und ohne, dass es Ärger gab.

Nicht immer ist es leicht, bereits gegebene Zusagen aus einem inneren Gefühl der Dringlichkeit heraus zu ändern – und in vielen Fällen hilft einfach nur die tiefe Gewissheit, dass eine neue Information neue Entscheidungen erfordert.

Du kennst ähnliche Situationen aus deinem gegenwärtigen Leben, und heute plötzlich hast du verstanden, dass sie sich nicht zufällig wiederholen.

Ein uraltes Muster will hier geheilt werden, uralte Traumata warten darauf, geheilt zu werden – und die Seelen derer, die an den früheren „Geschichten“ beteiligt waren – auch deine –, wünschen sich, endlich wahrgenommen zu werden und ins Licht gehen zu dürfen.

Innere Arbeit ist notwendig, ohne die ihr alle nicht vorankommt auf eurem Weg! Ihr alle, geliebte Sternenbotschafter der Erde, die ihr euren Auftrag ernst nehmt, eure innere WAHRHEIT zu leben, müsst hier mit gutem Beispiel vorangehen! Auch wenn es anderen nicht gefällt!

Euch selbst zu verleugnen und einem unguten, warnenden Gefühl zum Trotz eine gegebene Einladung zu besuchen, geht gar nicht! Nicht zufällig habt ihr diese Gefühle! Diese Eingebungen, die euch Hilfestellung leisten möchten auf eurem Weg, führen euch sehr deutlich und ihr tut gut daran, sie ernst zu nehmen.

Sie entsprechen einer Weichenstellung für den Zug eures Lebens, die euch plötzlich auf ein neues Gleis führt, weg von eingefahrenen Wegen. Es lohnt sich, dieser Führung zu folgen!

Zum einen hättet ihr mit Sicherheit große Unannehmlichkeiten, wenn ihr den alten Weg erzwingen wolltet – zum anderen würdet ihr die große Chance verpassen, eine alte Situation von Grund auf zu heilen!

Niemals werden euch wahre Nachteile entstehen, wenn ihr vertrauensvoll eurer inneren Führung folgt! Das versichere ich euch.

Eure „Obere Leitstelle“, wie Christine eure göttliche Führungscrew immer nennt, sieht „von oben“ um einiges besser als ihr selbst, welche Hindernisse auf eurem Weg mit Leichtigkeit umgangen werden können und welche Vorteile eine „Umleitung“ euch bietet. Natürlich gilt es, diese Chancen auch zu nutzen!

Immer höher steigen die kosmischen Frequenzen auf der Erde, immer leichter ist es möglich, noch alte Blockaden in eurem Energiefeld zu erkennen, zu orten und herauszulösen.

Bitte bedenkt, dass mit jeder Heilung, der ihr für euch selbst zustimmt, auch viele andere, die an der entsprechenden Situation beteiligt waren, die Chance auf Heilung erhalten! Ob sie sie annehmen, ist dann – auf Seelenebene – ihre Sache!

Ihr aber, als unsere hochgeehrten Sternenbotschafter, solltet doch mit so „weißer Weste“ wie möglich eure – und unsere – Position vertreten: In WAHRHAFTIGKEIT, LIEBE und TREUE! Eure Partner werden euch umso mehr achten für diese so wesentlichen Eigenschaften.

Mit „**Partner**“ meinen wir jetzt die Menschen in eurer Umgebung, die Gelegenheit haben, euer Verhalten mitzuerleben – und als „**Treue**“ verstehen wir hier in erster Linie die Treue zu euch selbst, zu euren eigenen Gefühlen und Überzeugungen!

Wie könntet ihr eure Gesprächspartner von unserer INTEGRITÄT und WAHRHEITSLIEBE überzeugen, wenn ihr selbst, als unsere Repräsentanten vor Ort, diese Eigenschaften missachten würdet?

Wie sollen sie euch glauben, dass wir in überpersönlicher LIEBE und in bester Absicht kommen, wenn diese Eigenschaften euch nicht zu eigen sind?

Bitte erinnert euch immer wieder daran, dass – mehr noch als eure Worte – eure Taten und euer Beispiel als Vorbild den Ausschlag geben!

An dieser Stelle bitten wir Christine, in aller Kürze ihr heutiges Erlebnis zu schildern. Ihr könnt daran sehr gut erkennen, dass es die FRIEDFERTIGKEIT ist, die in jeder noch so schwierigen Situation den Ausschlag gibt.

Kap. 39 Gefrühstückt wird zu Haus'

(Christine)

Liebe Leserin, lieber Leser,
eigentlich wollte ich meine heutige Herausforderung für mich behalten – aber wenn Ashtar meint, es würde Ihnen helfen, werde ich Ihnen doch davon berichten. Noch immer weiß ich nicht so genau, in welche Richtung dieses Buch hier geht, und so vertraue ich auch hier der göttlichen Führung Schritt für Schritt!

Etwas Anderes bleibt uns Lichtbringern und Sternenbotschaftern in der gegenwärtigen Zeit auch gar nicht übrig! Eben haben mir unsere lieben Clown-Engelchen wenigstens schon einmal die Überschrift meines Textes mitgeteilt: *„Gefrühstückt wird zu Haus!“*

Ich kenne diesen Satz als Titel eines sehr heiteren Buches, das mir vor längerer Zeit über den Weg lief. Scheint so, als sollten wir alles, was ich Ihnen hier gleich berichten werde, mit einer gehörigen Portion Heiterkeit würzen, obwohl ich es heute früh zunächst nicht ganz so lustig fand.

Aber nun besser der Reihe nach. Wie es scheint, sammelt Ashtar in diesem Manuskript Lektionen für Sternenbotschafter, an denen sie abgucken können. Aber jetzt zum Thema:

„Eigentlich“ war ich für heute Morgen zum gemeinsamen Sonntagsfrühstück mit Freunden verabredet gewesen. Und „noch eigentlicher“ nicht nur ich, sondern ebenfalls eine Begleitperson, mit der ich gemeinsam zu der eine Stunde entfernt liegenden Gaststätte fahren wollte.

Das Restaurant hatten unsere Freunde ausgesucht, die dort in der Nähe wohnen, und ich kannte es nicht. Aber als ich gestern zum erstenmal davon hörte, in welchem Ort wir uns treffen wollten, sträubten sich mir bereits kaum merklich meine inneren Sensoren.

Zunächst war da nur das leise Gefühl von *„Mag ich nicht so gern!"* Wobei ich in dem Ort selbst noch nie gewesen bin. Aber diese innere Information war mir eher nebenbei gegeben worden und etwas Anderes hatte Vorrang gehabt. Genauso schnell war mein Gefühl von *„besser woanders…"* wieder verflogen. Ich beachtete es nicht weiter.

Am Nachmittag hatte eine Karte des Krafttier-Orakels mich mit der Mahnung erstaunt, ich möge bitte keine Kompromisse eingehen, die gegen mein Gefühl sprechen. Es war die Einhorn Karte und ich fand sie in dem Fall höchst ungerecht. Auch wusste ich überhaupt nicht, was gemeint sein könnte Bis ich heute Morgen mit der Gewissheit wach wurde: *„Da gehe ich nicht hin!"*

Ich habe wirklich kein Problem damit, zu sagen, wenn etwas für mich nicht mehr passt. Ich wäre auch sofort bereit gewesen, unsere Freunde anzurufen und zu sagen, was ist. Nur mein Mitfahrer stellte sich quer. Was nun?

Auf privaten Ärger hatte ich absolut keine Lust, zumal ich mir keiner Schuld bewusst war. Glücklicherweise fiel mir mein wichtigster „Erste Hilfe"-Satz für Konfliktvermeidung wieder ein: ***„Ich wähle FRIEDEN! Ich wähle LIEBE!"***

Er entspannt jede Situation, und so sprach ich ihn immer wieder in Gedanken und beschloss, meinem Mitfahrer die Entscheidung zu überlassen – zumal es in erster Linie seine Freunde waren.

Es hilft nicht, etwas erzwingen zu wollen – obwohl es eine leichte Lösung gegeben hätte, wenn wir kurzfristig ein anderes Restaurant gewählt hätten. So blieb ich bei meiner inneren Arbeit, die Situation trotz allem in FRIEDEN zu halten.

Solche spontanen Herausforderungen haben immer einen Sinn! Wenigstens wusste ich jetzt, was die Seth-Karte zu bedeuten hatte, die seit Tagen bei meinen Meister-Karten auf sich aufmerksam machte.

Kurz danach war die Entscheidung da: Ich würde zu Hause bleiben, denn mein Begleiter verließ das Haus ohne mich. Und ich? Traurig und ent-täuscht, denn natürlich hatte auch ich mich auf unser Treffen gefreut!

Und da war auch noch ein anderes Gefühl, das zu meiner Trauer beitrug: ein so deutliches Empfinden von

- *„Verlassenheit"*,
- *„anscheinend bin ich gar nicht wichtig…"*
- *„und da ist noch nicht einmal eine Freundin, mit der ich heute morgen darüber reden kann!"*
- *„Ganz allein!"*
- *„Keiner versteht mich!"*
- *„Meine Gefühle und meine Innere Wahrheit nimmt niemand ernst! Für andere sind sie wohl nicht wichtig."*

Und dann war da noch der Gedanke: *„Er geht und dreht sich noch nicht einmal um!"*

Woher kannte ich das nur? Diesen Konflikt, zwischen Liebe, Geliebt-werden-wollen und dem Bekennen meiner Inneren Wahrheit wählen zu müssen?

Natürlich haben wir Lichtbringer nicht wirklich eine Wahl. Aber weh tut es trotzdem! Und doch war da die tiefe Gewissheit, dass ich mich richtigverhalten hatte und dass dies alles einen tieferen Sinn hatte.

Zum einen auf der realen Ebene, was die Energie in diesem Haus dort betraf, vielleicht auch den Weg dorthin – egal! Mein Gefühl hatte *„STOPP!"* gesagt und ich würde immer auf meine Innere Stimme hören. Komme, was da wolle!

Gleichzeitig war da bereits eine ferne Ahnung, dass es noch tiefere Gründe geben musste. Wie hatte es gestern im Text zu der Krafttierkarte gelautet: *„Woher kennst du diese Situation?"*

Ich beschloss, zunächst einmal gemütlich zu frühstücken und dann in einer Meditation genauer nachzufragen.

Denn immer, wenn Situationen sich wiederholen – und besonders, wenn es sich um Herausforderungen handelt –, versucht unsere Seele, uns auf eine alte karmische Geschichte ähnlicher Thematik aufmerksam zu machen, die noch nicht geheilt ist.

Es schien sehr wichtig zu sein. Wie zur Belohnung hörte ich den Hinweis: *„Und später hat Ashtar noch zwei Texte für dich!"*

Kap. 40 Es hat immer einen Sinn

(Christine)

Um an die Hintergründe heranzukommen, musste ich zunächst die aktuelle Situation genauer anschauen und dann herausfinden, in welchen Situationen mir zuvor bereits Ähnliches passiert war.

Das Hauptthema hier schien zu sein:
Ich spüre, dass ich eine Verabredung so *nicht einhalten kann, aber ich weiß, ich muss zu meiner Wahrheit stehen.*

Ich versuche alles, um die Situation so abzuändern, dass sie auch für mich passt, aber die anderen „Vertragspartner" – oder genauer: mein Begleiter – lassen dies nicht zu. Ich werde allein gelassen.

Tatsächlich! Es hatte in den vergangenen Jahren mehrere Varianten dieser Situation gegeben.

Genau in dem Moment, als mir dies bewusst wurde, wurde ich von meiner Inneren Stimme an den Laptop gebeten. Eine bestimmte spirituelle Webseite und die Kommentare darin schienen wichtig:

Es ging um eine Fähre und zwei Passagiere. Der eine von beiden war sehr stolz auf seine nautischen Kenntnisse. Immer wieder kritisierte er den anderen Passagier dafür, dass der all dieses angeblich so wichtige Allgemeinwissen über Schiffe nicht besaß Das Ende der Geschichte bestand darin, dass die Fähre unterging und beide Männer den Tod fanden.

Sowohl der in Schiffsangelegenheiten so gut informierte Mann, der so sehr seiner Logik und seinem Verstandeswissen vertraute, als auch der andere, weniger „kluge" Mann fanden den Tod, als das Schiff plötzlich unterging.

Die Pointe der Geschichte bestand darin, dass der überhebliche Mann dies erst im letzten Moment bemerkte, der andere es aber bereits während des gesamten Gesprächs hatte kommen sehen

Eben erst habe ich so ganz verstanden, was diese Parabel alles ausdrückt. Aber bereits beim Lesen erkannte meine Seele den Hinweis und mein Körper wurde von tiefem Weinen geschüttelt!

In Gedanken sah ich eine junge Frau vor mir. Sie hatte vergeblich versucht, ihren Mann von einer bereits geplanten Schiffsreise abzuhalten. Sehr genau wusste sie, dass mit dem scheinbar „unsinkbaren" Kreuzfahrtschiff etwas nicht stimmte.

Doch ihr kluger Mann gab nichts auf die „Hirngespinste" seiner so empfindsamen Frau. Diese teuer gebuchte Reise wollte er sich und seinen Kindern auf keinen Fall entgehen lassen!

Sie aber, die keine technische Ausbildung hatte und demzufolge auch keine überzeugenden Gründe dafür anführen konnte, warum diese Reise für alle den Tod bedeuten würde, war machtlos. Sie wusste – was auch immer sie unternehmen würde –, durch nichts konnte sie ihre Lieben von dieser Reise abhalten und vor dem sicheren Tod bewahren!

So blieb ihr nur die Wahl, sie auf ihrem letzten Weg zu begleiten. In tiefer Liebe zu ihrer Familie entschied sie sich, in der kommenden Katastrophe, die sie so genau kommen sah, dass es keine Beweise brauchte, bei ihnen zu bleiben und mit ihnen unterzugehen.

Ganz deutlich waren da die Bilder, wie sie hinter ihnen her das riesige Schiff betrat, im deutlichen Bewusstsein, dass die Entscheidung ihres Mannes falsch war und dass sie das Schicksal des Schiffes und seiner Passagiere nicht verhindern konnte.

Lange saß ich vor dem Laptop, ohne weiter auf den Text zu achten. Zu machtvoll war die Vision, an die sich meine Seele erinnerte. Schon mehrfach hatten meine Helfer aus der Geistigen Welt versucht, mich an diese Geschichte aus früherer Zeit zu erinnern – aber erst heute war die Zeit reif und ich verstand.

Und so war es möglich, für diese Frau und ihre Familie Frieden zu bewirken, sodass sie alle den Weg ins Licht gehen konnten – sie und so viele derer, die damals mit untergegangen waren! Wie viel Segen war dadurch entstanden, dass ich heute Morgen meiner inneren Wahrheit treu geblieben war!

Kap. 41 Auf ein Neues

(Ashtar)

Geliebte Christine,
geliebte Tochter des Lichts,
Ashtar spricht.

Wieder kommen meine Gefährten – meine „Crew“, wie du sie immer nennst, und ich zu dir, um euch allen weitere Informationen für unser neues gemeinsames Buch zu übermitteln. Diesmal ist auch Amahl von ARKTURUS mit von der Partie. Ihr alle kennt ihn aus unserem ersten gemeinsamen Buch *(„Erste Hilfe“ für GAIA und ihre Kinder- Band 1).*

Wir haben eine längere Pause eingelegt seit unserer letzten Begegnung, denn nichts war in den vergangenen Tagen wichtiger, als die neuen Codierungen zu integrieren und die Neukalibrierungen für euer Tandem aus Körper und Seele zuzulassen.

Oft erfordern die hohen kosmischen Lichtcodierungen Ruhephasen und veranlassen euch zu ungewöhnlichem Verhalten. Wir wissen, dies kann sehr irritierend sein, weil es so gar nicht zu eurem gewohnten Tagesablauf passt.

Aber dies ist nur der Anfang von vielem, das ihr auf der bewussten Ebene bisher noch nicht gewohnt seid! Gut für alle diejenigen von euch, die es gelernt haben, sich führen zu lassen von ihren Teams in der Geistigen Welt!

Mehr als gut, denn mit normalem Denken allein wird es in Zukunft nicht mehr getan sein! Ihr alle, die ihr dieses Buch lest, habt bereits eure Schulungen in Hellsichtigkeit, Hellhörigkeit und Hellfühligkeit so gut wie abgeschlossen.

Wir wissen, dass viele von euch, wie auch Christine selbst, ihren diesbezüglichen Wahrnehmungen noch immer nicht voll vertrauen. Zu oft seid ihr getäuscht worden. In früheren Inkarnationen, aber auch in diesem Leben!

Die Codierungen, besser gesagt: die Programmierungen, die ihr in so vielen Leben erhalten habt, haben euch eingeimpft, dass nur das Sichtbare „real“ sei. Welch ein Irrtum! Und so kämpfen immer noch zwei verschiedene Sichtweisen in euch, wie sie unterschiedlicher nicht sein könnten.

Natürlich gilt es auch weiterhin, achtsam und vorsichtig zu sein, doch dürft ihr euren sensitiven Wahrnehmungen von nun an mehr vertrauen!

Die Zeiten ändern sich und ihr seid am Zug! Euer Training und euer Vertrauen beginnen sich auszuzahlen und euch mehr und mehr die Sicherheit zu vermitteln, dass eure Wahrnehmungen zutreffend sind.

Gegenwärtig laufen viele Schulungsprogramme von unserer Seite, die nur das eine Ziel haben, euch im Vertrauen in eure eigenen Fähigkeiten zu bestärken.

Ihr alle seid auf einem sehr guten Weg und folgt immer mutiger der intuitiven Führung, die euch zuteilwird. Wir freuen uns sehr darüber, dass ihr auch immer mutiger anderen von eurer Sicht der Dinge zu berichten beginnt.

Ihr seid wundervoll, wenn ihr dies tut. Und unabhängig davon, dass manche eurer Gesprächspartner sich danach eventuell vorsichtshalber wieder von dem Gehörten distanzieren, hinterlässt euer Vertrauen und eure Zuversicht, die ihr liebevoll, aber davon vollkommen unbeeindruckt, ausstrahlt, einen tiefen Eindruck bei euren Mitmenschen.

Es ist wichtig, dass ihr euch dieser Wirkung bewusst seid! Macht weiter so und folgt den Hinweisen, die ihr von euren Teams erhaltet. Sie sind zu eurem höchsten Wohl und oft auch unerlässlich zu eurem eigenen Schutz – und zum Schutz eurer Mitmenschen! Ein gutes Beispiel dafür wird Christine euch im nächsten Kapitel schildern.

In Liebe und Licht,
ICH BIN Ashtar

Kap. 42 Gabriel lässt grüßen

(Christine)

Mein eigenes „Trainingsprogramm“ begann bereits morgens, als ich gerade das Frühstück fertigmachen wollte. *„Geh bitte zuerst die Zeitung hereinholen!“* Meine Innere Stimme war sehr deutlich wahrnehmbar gewesen.

Es ist immer noch nicht ganz einfach für mich, aus heiterem Himmel von unsichtbaren „Beratern“ angesprochen zu werden und plötzlich Ratschläge zu erhalten, um die ich nicht gebeten hatte.

Klar, wir alle haben ein Team von geistigen Helfern, Engeln und nicht mehr inkarnierten Freunden um uns, die versprochen haben, uns auf unserem Weg durch die Schule des Lebens zu begleiten und uns dabei Hilfestellung zu geben.

Aber so unvermittelt und ungefragt Hinweise zu bekommen, ist ungewöhnlich und bringt mich immer wieder in Gewissenskonflikte, weil ich nicht weiß, ob ich nicht meinen eigenen freien Willen und meine Entscheidungsfreiheit aufgebe, wenn ich diesen Hinweisen folge.

Ich lasse mich nicht gerne dominieren und überprüfe lieber, wer da spricht und ob es überhaupt sinnvoll ist, bevor ich einer Aufforderung nachkomme. Doch habe ich inzwischen verstanden, dass es in Wahrheit immer meine eigene Entscheidung bleibt, ob ich diesen Bitten Folge leiste oder nicht.

Allerdings habe ich die Erfahrung gemacht, dass es bisher immer zu meinem Wohle war, auf die sanften Bitten meiner unsichtbaren Begleiter zu hören – und am besten sofort! Meinen eigenen Kopf durchzusetzen, hätte jedes Mal einen Nachteil für mich und andere bedeutet.

Bei meinem kurzen Gang an den Briefkasten bemerkte ich, dass die Nachbarn die Gelbe Tonne herausgestellt hatten. Das war der

Grund gewesen! Also holte auch ich unsere Gelbe Tonne und stellte sie vor die Tür. Glücklicherweise noch rechtzeitig!

Als ich später mit dem Auto auf dem Weg zu meiner Bank war, meldete sich meine Innere Stimme wieder sehr deutlich: *„Bitte parke bei Aldi!"* Was sollte das jetzt? Denn schließlich war es nicht meine Absicht gewesen, heute dort etwas einzukaufen.

Auch würde der Weg zur Bank und zurück länger sein, als wenn ich direkt dort geparkt hätte. Es schien wirklich wichtig zu sein, auch wenn ich den Grund dafür nicht kannte. Denn wie zur Bestätigung wurde auch sofort eine Parklücke frei.

Bei der Bank traf ich eine ehemalige Klientin. Im nächsten Geschäft, gleich um die Ecke, traf ich sie wieder. Aha! Wir erkannten die Synchronizität und freuten uns. Mehr als zehn Jahre hatten wir uns nicht gesehen und sie wusste noch nichts vom Umzug meiner Praxis. Ich gab ihr meine Visitenkarte und wir tauschten Informationen aus.

„Deswegen also!" dachte ich. *„Hätte ich, wie beabsichtigt, auf dem Parkplatz meiner Bank geparkt, wäre ich ihr heute nicht begegnet. Wie gut, dass ich auf den Hinweis meines Teams gehört hatte. Wer weiß, wofür es gut ist!"*

Eigentlich hatte ich geplant, danach noch einen kleinen Umweg zu dem nahegelegenen Schreibwarengeschäft zu machen, entschied mich aber an der Ampel kurzfristig anders und trat sofort den Rückweg an.

Mein spontaner Richtungswechsel wunderte mich selbst. Es hatte sich beinahe so angefühlt, als ob ein Engel mich bei den Schultern genommen und in die andere Richtung gedreht hatte: *„Besser hier entlang!"*

Na, dann eben noch an der Drogerie vorbei! Meine unsichtbaren Begleiter führten mich direkt zu den Produkten, die ich brauchte. Dabei war ich mir zunächst gar nicht sicher gewesen, ob es sie dort überhaupt gab. Dann weiter Richtung Aldi-Parkplatz, zurück zum Auto.

An der nächsten Straßenecke kam mir eine liebe Freundin entgegen, die ich schon länger nicht mehr gesehen habe, und ich dachte: „*Deshalb, also!*" Wieder vergingen ein paar Minuten, bis ich die letzten Meter zum Parkplatz zurücklegen konnte.

Aber als ich gerade zu meinem Auto gehen wollte, sah ich einen Buggy mit einem Kleinkind darin vollkommen allein mitten auf dem Parkplatz stehen, direkt hinter einem parkenden Wagen! Ich konnte nicht verstehen, wie man ein Kind in einer solchen Situation unbeaufsichtigt lassen konnte.

Während ich nach der Mutter Ausschau hielt, entdeckte ich, dass die Fahrerin des Autos hinter dem Lenkrad saß. Ob sie die Mutter war?„*Vielleicht wollte sie ja nur etwas aus dem Auto holen…*", dachte ich. „*Der Buggy steht aber nicht sehr günstig!*"

Es ging mich absolut nichts an, aber ich beschloss zu warten, um notfalls eingreifen zu können, und die Situation weiter zu beobachten. In dem Moment stieg die Fahrerin aus und erschrak total, als sie den Kinderwagen mit dem Baby hinter ihrem Auto entdeckte.

Sie war viel zu alt, um die Mutter oder die Großmutter des Kindes zu sein, und ich erkannte, dass sie überhaupt nichts mit dem Kind zu tun hatte.

Sie hatte eigentlich rückwärts aus der Parklücke fahren wollen, sich dann aber noch einmal anders entschieden und war noch einmal ausgestiegen. Den Buggy hätte sie im Rückspiegel niemals sehen können.

Ihr Auto hingegen war viel zu alt, um eine akustische Rückfahrwarnung zu besitzen

Aber so wie ich mich platziert hatte, hatte sie mich im Rückspiegel gesehen! Wohl auch deshalb hatte ich mich nicht mehr vom Fleck gerührt.

In dem Augenblick kam voller Entsetzen eine junge Türkin angelaufen. Erst jetzt erkannte sie die Gefahr, in die sie ihr Baby gebracht hatte.

Während sie auf einen Parkplatz gewartet hatte, hatte sie schon mal den Kinderwagen mit dem Baby ausgeladen und dann ihr Auto in die inzwischen frei gewordene Parklücke manövriert.

„Heute ist so ein Tag!" beruhigte ich sie. Ich hatte gemerkt, wie schwierig es heute auch für mich gewesen war, gut geerdet zu bleiben und mich zu konzentrieren!

„Die Engel haben auf Ihr Kind aufgepasst und ich auch… Sie kennen doch Erzengel Gabriel? Er beschützt besonders die Mütter und ihre Kinder."

Erleichtert nickte die junge Türkin. Ja, den Erzengel Gabriel kannte sie auch!

„Grüße von Gabriel", dachte ich. Deswegen sollte ich nicht mehr zum Schreibwarenladen gehen – und deswegen hatte ich heute diesen Parkplatz wählen sollen! Und Hellhören hatte ich auch geübt!

Kap. 43 Kleine Ursache, große Wirkung

(Ashtar)

Geliebte Christine,
geliebte Tochter des Lichts,
Ashtar spricht.

Lange haben wir nichts mehr von uns hören lassen, sodass du dir zum Schluss gar nicht mehr sicher warst, ob und wie es mit unserem gemeinsamen vierten Buch weitergehen würde.

Aber „*First things first*", wie die Amerikaner sagen. Oder auf Deutsch: „*Prioritäten setzen*". Das ist etwas, was wir im Laufe unseres langen galaktischen Lebens gelernt haben. Ebenso „*die Gelegenheiten beim Schopf zu packen*", wie man bei euch sagt. Und der Außendienst war nun einmal eine gute Gelegenheit, dich (fast) ganz für uns zu haben.

Und danach hat die Vorbereitung deines neuen Seminars mit den Heiler-Ärzten von ARKTURUS deine ganze Aufmerksamkeit gefordert. So ist das nun einmal bei einem „Ein Frau – Betrieb"! Amahl von ARKTURUS lässt dich übrigens an dieser Stelle herzlich grüßen! „*Sie werden rechtzeitig zur Stelle sein!*", soll ich dir sagen.

Hier und heute nun darf deine Aufmerksamkeit für zwei Tage ganz uns gehören. Wir hatten es dir bereits angekündigt. Denn die kostbaren Planeten-Konstellationen und die damit einhergehenden Einspielungen wollen genutzt sein!

Mit jedem einzelnen Wort von uns, das du in diesen beiden so besonderen Tagen zu Papier bringst, werden die Energien eingefangen und auch für deine Leser zu späterer Zeit noch wirksam sein.

Ihr alle, die ihr dies lest, könnt ihre heilsame, ermutigende Wirkung jederzeit für euch und eure Arbeit durch eure reine Absicht aktivieren. Jederzeit!

Nun aber zu uns und unserem besonderen Anliegen: zu unserem neuen Thema!

Weiter und weiter schreitet die Erneuerung und Heilung von GAIA voran und es gilt, wie immer, zur rechten Zeit am rechten Ort zu sein.

Es wird Zeit, dieses gemeinsame Buch fertigzustellen. Die Menschen der Erde benötigen dieses Wissen und diese Erfahrungen von dir ebenso, wie die Mitarbeiter und Freiwilligen des „Bodenpersonals" unsere Ermutigungen benötigen!

Manchmal genügt bereits ein ganz kleiner Anstoß, um Lawinen in Gang zu setzen:

Lawinen von Informationen, die in eurem eigenen Zellgedächtnis verborgen liegen seit langer Zeit – oder auch Lawinen von Emotionen der FREUDE und des VERTRAUENS!

Viel zu lange wurden diese Eigenschaften, wurden diese Emotionen und Informationen unterdrückt! Manipulative Machenschaften hielten sogar unsere eigenen Leute in Schach, sodass die gesäten Kerninformationen über ihre eigene Herkunft und unsere Existenz zu verkümmern schienen.

Jetzt aber werden die Samen des Wissens und der Gewissheit in rasanter Schnelligkeit sprießen, erblühen und reiche Früchte tragen! Oft genügt ein kleiner, scheinbar unbedeutender Anstoß. Ein einziges Wort, in der tiefen Überzeugung inneren Wissens ausgesprochen, vermag viel. *„Kleine Ursache, große Wirkung“*, wie man bei euch sagt.

Wir haben Christine heute während einer Meditation an eines ihrer Lieblingslieder erinnert:

„Ins Wasser fällt ein Stein,
ganz heimlich, still und leise.
Ist er auch noch so klein,
er zieht doch weite Kreise.

Wo GOTTES große LIEBE
in einen Menschen fällt,
da wirkt sie fort
in Tat und Wort
hinaus in alle Welt!“

So ist es, wenn ihr, meine Geliebten, beginnt, von euren Erlebnissen mit uns zu berichten! Es mögen Träume sein oder Ahnungen oder auch reale Erlebnisse zum Staunen.

Wie die Erlebnisse mit den Fahrradfahrern am Kai von San Franzisco, die Christine als Besucher von den Sternen erkannte – oder im kleinen Frühstückslokal, damals, als sie unsere wahre Identität entdeckte.

Es gehört MUT dazu und VERTRAUEN! Vertrauen in die eigene Wahrnehmung, aber auch Selbst-Vertrauen, zu wissen:

„Dies ist meine heilige WAHRHEIT. Was auch immer andere davon halten oder dazu sagen mögen – ich weiß! Und dieses Wissen lasse ich mir von niemandem nehmen!“

Ja, es gehört MUT dazu. Das wissen wir sehr wohl. Und manchmal wird es nötig sein, über euren Schatten zu springen und noch einmal die Angst zu besiegen, die vielleicht doch noch als winzige Zellinformation aus Zeiten der Verfolgung und Not übriggeblieben ist.

Aus einer Zeit, in der ihr wieder und wieder für das mutige Aussprechen eurer eigenen Inneren WAHRHEIT verdammt, erniedrigt, gequält und getötet wurdet!

„Lasst diese alte Information aus eurem Zellgedächtnis jetzt gehen“, lässt Amahl von ARKTURUS euch sagen:

„Entlasst all diese alten Erinnerungen und Prägungen jetzt ein für alle Mal aus eurem physischen Körper und eurem Energiefeld!

Bittet Erzengel Michael jetzt, alle toxischen, Angst-basierten Energien und Elementale aus eurem Rücken zu entfernen, und bittet die jenseitigen Ärzte vom Rat der Jenseitigen Ärzte, hier und jetzt alle Traumata zu entkoppeln, aus allen Leben, Zeiten, Räumen, Universen und Parallel-Universen, in denen ihr für das Aussprechen eurer Inneren Wahrheit mental, emotional und physisch gestraft und ums Leben gebracht wurdet. Jetzt!

Die jenseitigen Trauma-Therapeuten werden ihren speziellen Heilstrahl einsetzen, in Frequenz, Dauer und Intensität genau abgestimmt auf jeden Einzelnen von euch. Aber tut es! Tut es jetzt!

Und spürt, wie diese alte Last jetzt ein für alle Mal euren Körper und euer Energiefeld verlässt!

Raphael, Serapis Bey, Djwhal Khul, Hilarion, aber auch wir Heiler-Ärzte von ARKTURUS sind bereit, euch in allem zu unterstützen!

Spürt, dass ihr frei seid! Frei, eure Göttliche WAHRHEIT zum Ausdruck zu bringen – in Übereinstimmung mit SPIRIT, zum höchsten Wohle von AllemWasIst. Es sei!

ICH BIN Amahl von ARKTURUS,
und ich kenne euch wohl"

Kap. 44 Es geht um's Ganze

(Ashtar)

Geliebte Kinder des Lichts,
Ashtar spricht.

Mein Freund Amahl von ARKTURUS, der euch eben so eindringlich ins Gewissen geredet hat, weiß ebenso gut wie ich, dass es jetzt um's Ganze geht! Es kommt auf jeden Einzelnen von euch an!

Mehr und mehr verlassen die dunklen Hintermänner die Szene. *„Sie machen sich vom Acker"*, wie ihr so schön sagt. Zurück bleibt unbestelltes, von Unkraut übersätes Land.

Gemeint ist hiermit das Bewusstsein der „normalen“ Menschen, das übersät ist von Fehlinformationen, von Falschmeldungen und Implantaten. Wie Unkraut wuchert dieses falsche Halbwissen in den Köpfen und Herzen eurer Mitmenschen.

Es tut uns leid, es so sagen zu müssen: Aber das, was die dunklen Energien hier auf der Erde angerichtet haben, ist schlimmer als die Pest, vor der sich doch alle immer so sehr gefürchtet haben!

Es gilt jetzt, dieses Halbwissen und die Fehlinformationen konsequent und gezielt zu eliminieren. Nicht bekämpfen sollt ihr es. Einfach eure WAHRHEIT und eure Gewissheit daneben setzen!

„Worauf man seine Aufmerksamkeit richtet, das wächst!“

Ihr kennt dieses kosmische Gesetz gut. Wendet es an! Mit LIEBE und Geduld vertraut darauf, dass das LICHT der GÖTTLICHEN WAHRHEIT ein Übriges tut, um die Samen des VERTRAUENS, die ihr hier sät, und die Pflänzchen der neuen HOFFNUNG, die daraus entstehen, zum Wachsen zu bringen!

„Wie eine Kerze die nächste anzündet, so entzündet ein Herz das andere…“

Seid die Lichtträger der Neuen Erde! Tragt das LICHT der LIEBE und der HOFFNUNG in die Welt: das LICHT der Gewissheit, dass es Brüder von den Sternen gibt, die den Menschen auf der Erde wohlgesinnt sind.

Erzählt Ihnen von den kosmischen Freunden und der galaktischen Familie, die darauf wartet, sich endlich erkennen geben zu dürfen und sie wieder in die Arme zu schließen!

In Liebe und Licht,
ICH BIN Ashtar,
gekommen, euch zu dienen.

Kap. 45 Die Saat geht auf

(Ashtar)

Geliebte Christine,
geliebte Tochter des Lichts,
Ashtar spricht.

Nicht immer ist es der richtige Zeitpunkt zu reden – und nicht immer sieht man die Erfolge dessen, was schon gesagt wurde. Das ist normal.

„Alles hat seine Zeit, alles braucht seine Zeit!“

Samenkörnchen des Glaubens, in LIEBE gesät, keimen im Verborgenen! Oft ist es euren Zuhörern gar nicht bewusst, welche Geschenke der LIEBE ihr ihnen macht, indem ihr über euer inneres Wissen und euren persönlichen Glauben sprecht.

Im Stillen aber werden sie euch bewundern für euren MUT und für eure SICHERHEIT, mit der ihr euch in solch unsicheren Zeiten zurechtfindet, die andere vor Angst erstarren lassen!

Ohne es euch zu sagen, werden sie sich im Stillen ihre Gedanken machen. Und sie werden auch so sein wollen wie ihr: so selbstsicher und so leuchtend von innen heraus!

Glaubt ihr, sie bemerken die Veränderung nicht, die vor sich geht, wenn ihr strahlend und heiter, mutig und stolz von eurem Wissen erzählt?

Es ist kein negativer Stolz, der alle anderen klein halten will! Im Gegenteil! Es ist der Stolz, dazugehören zu dürfen zu denen, die der Erde die FREIHEIT wiedergeben!

Der Stolz darauf, das LICHT im scheinbaren Dunkel verwirrender Zeiten zu sehen und darauf vertrauen zu können, dass euch am

Ende aus jeder noch so schwierigen Situation ein Ausweg gezeigt werden wird.

Auch wenn ihr ihn bis zur vorletzten Sekunde selbst nicht sehen könnt! Doch die Richtung, in die ihr zu gehen habt, ist euch bei jedem einzelnen Schritt klar bewusst. Sogar, wenn ihr wie Christine neulich auf dem Parkplatz von Aldi mehrfach im Kreis herumgeführt werdet mit eurem Auto!

Auch wenn euch der Sinn der Führung manches Mal unverständlich erscheint, so wie neulich, als Christine gebeten wurde, ein Geschäft zu betreten, obwohl sie wenig Zeit hatte und es nicht ihre Absicht war

Die wenigen Minuten genügten, einem anderen Mitarbeiter des „Bodenpersonals" eine kurze Bestätigung zu geben, deren Bedeutung sie in ihrer Größe bis jetzt noch nicht einzuschätzen vermag – und eine hilfesuchende Seele fand mit ihr den Ausweg!

Führung! – Sich führen lassen demütig, vertrauensvoll ...
Auch dies sind Erlebnisse, in denen ihr Vorbildfunktion einnehmt für andere!

Es ist die Heiterkeit eures liebenden Herzens, die euren Mitmenschen vermittelt: „*Es ist wahr, was sie uns sagt!*"

Kap. 46 Unverhofft kommt oft

(Ashtar)

Geliebte Christine,
geliebte Kinder des Lichts,
Ashtar spricht.

Ich hoffe, mit den vorigen Kapiteln konnten wir euch die immense Bedeutung eurer scheinbar so „kleinen“ und „unbedeutenden“ Handlungen etwas mehr verdeutlichen.

Ihr seid die Lehrer!

Ihr seid die „Botschafter“ – im besten Sinne!

Wahre Lehrer lehren in der Stille. Durch ihr Beispiel weisen sie anderen den Weg! Ihre Integrität und ihre Zuverlässigkeit bewirken, dass man ihnen Vertrauen schenkt. Und dann, wenn niemand damit rechnet – am allerwenigsten sie selbst –, ergeben sich die Gelegenheiten.

Ein Wort genügt und sie wissen: *„Jetzt! Jetzt ist es Zeit zu reden! Denn diese Situation erfordert, dass du für deine Wahrheit eintrittst! Tu es! Tu es jetzt!“*

Und dann lasst euch von eurem Herzen führen, was hier gesagt – oder was noch verschwiegen werden will. Vertraut darauf, dass euch die richtigen Worte gegeben werden. Denn wir sind mit euch! Wir lassen euch nicht im Stich!

Bitte vergesst nie:
Alles, was ihr mit LIEBE sagt, findet seinen Weg zum Herzen der Zuhörer.

Und darüber hinaus gehen diese Gespräche der WAHRHEIT ins Kristallgitternetz der NEUEN ERDE ein! Sie sind abrufbar für jeden, der für diese Wahrheit empfänglich ist. Welch ein Segen ruht auf euch und eurer Arbeit!

Schon jetzt beginnen sich Wechselwirkungen zu ergeben: Denn immer deutlicher geben sich Lichtarbeiter zu erkennen und wie mit einem strahlenden Lichtnetz beginnen ihre Kontakte, ihr Wissen und ihre Worte die Erde zu überziehen!

Ihr ahnt nicht im mindesten, wie mächtig ihr inzwischen geworden seid! Wie machtvoll eure Worte wirken und eure Taten die Atmosphäre um euch herum zum Leuchten bringen!

Christine selbst erfuhr gestern ein solches Beispiel für die Wechselwirkung, die entsteht, wenn Menschen ihrem Herzen folgen. „Zufällig" – und ihr wisst genau: Es gibt keine Zufälle

Zufällig also stolperte sie im Internet über einen Text, dessen heitere Überschrift auch von ihr hätte stammen können. (Oder von uns!) Ganz offensichtlich waren auch dort die Clown-Engelchen beratend tätig gewesen.

Neugierig geworden, las sie den dazugehörigen Text und wunderte sich sehr, als ihr eigener Name genannt wurde. Die Autorin des Textes hatte ganz offenkundig unser gemeinsames „Buch 3" *(„Erste Hilfe" für GAIA und ihre Kinder – Band 2)* studiert und bezog sich jetzt darauf, alles ordentlich zitiert, natürlich.

Und so wurde Christine geführt, sich an Worte zu erinnern, die ich selbst ihr in unserem dritten Buch eingegeben hatte! Es geht um uns und um euch alle! Und es geht darum, euch hier und jetzt an diese Worte zu erinnern.

Keine Bange: Auch Christine hatte sie vergessen. Aber die Essenz dessen, was ich euch allen damals durch sie hatte sagen lassen, war fest gegründet in ihrem Herzen.

Staunend und mit immer größerer Freude las sie die Worte, die eine ihr auf bewusster Ebene gänzlich unbekannte Lichtarbeiterin dort zitiert hatte:

*„**Eine der wichtigsten Aufgaben**, die ihr, meine geliebten Freiwilligen des Bodenpersonals in dieser Zeit zu erfüllen habt, ist es, über uns und unsere Existenz und künftige Anwesenheit auf der Erde zu sprechen!“*

„Es geht darum, dass die Menschen die Angst vor uns verlieren und wissen, dass wir ihnen wohl gesinnt sind!“

Wechselwirkungen – gesegnete Zufälle, die von göttlicher Führung zeugen – und von der Demut, sich führen zu lassen und uns und der inneren Stimme zu vertrauen.

„Der Heilige Geist weht, wo ER will!“

Welcher SEGEN auf euch und eurer gemeinsamen Arbeit ruht, könnt ihr selbst kaum ermessen!

In Licht und Liebe,
ICH BIN Ashtar,
und ich führe euch gut.

5. TEIL
DIE VORSTELLUNGSRUNDE

Kap. 47 ARKTURUS – Stern der Schönheit und der Gnade

(Ashtar)

Geliebte Christine,
geliebte Tochter des Lichts,
Ashtar spricht.

Heute möchten wir euch gerne die Sternennation von ARKTURUS vorstellen.

Ja, es ist wahr: euer Wort „Arktis" hängt eng mit dem Namen „ARKTURUS" zusammen. Aber dazu ein andermal mehr!

Das Sternenvolk der Arkturianer ist von großer äußerer und innerer Schönheit gekennzeichnet. In ganz besonderem Maße trifft auf sie das alte griechische Schönheitsideal des Kalos k'agathos, von der Gleichheit von Schönem und Guten zu.

Die Griechen der Antike glaubten daran, dass sich in einem Menschen von großer Schönheit auch eine schöne, strahlende Seele ein Zuhause gewählt hat: „*Wie außen, so innen*", wie ein Hermetisches Gesetz besagt.

Nun, es ist eher umgekehrt: **„Wie innen, so außen" – Das Innere formt das Äußere!**

Dies bedeutet, dass ein wahrhaft edler Charakter von großer Tugend sich auch einen schönen, harmonisch anzusehenden Körper formt.

In ganz besonderem Maße sind die Abkömmlinge und Bewohner von ARKTURUS der Schönheit zugewandt. Sie lieben die Schönheit und die Harmonie in jeglicher Gestalt.

Daher kann es durchaus vorkommen, dass sie diese Schönheit auch in einer unvollkommenen Gestalt zu erkennen vermögen, wie z.B. in einer Blume, deren eines Blütenblatt etwas verkürzt und gekrümmt ist.

Ihr angeborener Sinn für die göttliche WAHRHEIT lässt sie das Ideal der göttlichen Blaupause auch in einem Vögelchen mit verkrüppeltem Füßchen erkennen, wie es bei euren Tauben zuweilen vorkommt, die im Straßenverkehr eine Verletzung erlitten haben.

Es ist die Ausstrahlung eines Wesens, die sie wahrnehmen! Je mehr ein Lebewesen das göttliche LICHT und die göttliche LIEBE verkörpert, desto schöner ist es in ihren Augen.

Die Gestalt und das Aussehen des Volkes von ARKTURUS sind von eben dieser Gesinnung geprägt. Darum ist es nicht verwunderlich, dass sie, die jegliche Gewalt ablehnen und sich mit überwältigender Mehrheit der Heilkunst verschrieben haben, selbst von großer, schöner und sehr schlanker und stattlicher Gestalt sind.

Ihre Hautfarbe tendiert nach eurer menschlichen Betrachtung etwas ins Bläuliche. Blau ist, wie ihr wisst, die Farbe des Himmels in seiner Reinheit und Klarheit. Blau verkörpert ebenso die Natur des Elementes Äther – des Ätherischen.

Viele Sternenvölker aus der 7. Dimension und darüber hinaus umgibt dieser leicht bläuliche Schimmer der Haut. Bei den Menschen von ARKTURUS wirkt diese Haut wie von der Sonne gebräunt. Etwa so, wie eure Haut diese strahlende Bräune annimmt, wenn ihr einige Urlaubstage bei schönem Wetter in den Bergen verbracht habt.

Ungefähr so könnt ihr euch die Gesichtsfarbe und den Körper der ARKTURIANER vorstellen, und darüber wie ganz leicht von bläulichem „Make up" überpudert.

Eure Überlieferungen berichten davon, dass auch OSIRIS, der Bruder und Gemahl der ISIS, diese blaue Hautfarbe besaß, und ebenso

Krishna und ein besonderer Stamm der indianischen Ureinwohner, dessen Name bei euch in Vergessenheit geraten ist.

Die ARKTURIANER sind ein stolzes Volk, machtvoll und schön. Ihre Augen stehen ein ganz klein wenig schief. Nur eine Winzigkeit, aber es verleiht ihnen eine gewisse Besonderheit des Geheimnisvollen.

Die Völker von KRETA, TIRYNS und MYKENE sind ihnen aus alter Zeit eng verbunden. Aber es ist nicht so sehr das Äußere, das an unseren Sternenfreunden beeindruckt:

Es ist die Sanftheit ihres Wesens, gepaart mit großer innerer Kraft und einer Willensstärke, die stets auf das Gute in allem ausgerichtet ist.

Unverbrüchlich und in tiefer Verbundenheit mit AllemWasIst, dienen sie dem Willen GOTTES und der GÖTTIN.

Allem Schönen, Reinen und Guten sind sie zugeneigt. Alles Aggressive, Feindselige, Egoistische ist ihrem Wesen fremd.

Wie die Mitglieder eines Bienenvolkes auf unterschiedliche Weise alle dem Wohle des ganzen Volkes dienen, so auch sie.

Viele, ich möchte fast sagen, alle von ihnen haben sich auf die eine oder andere Art der Heilkunst verschrieben. Dies dürft ihr aber ruhig in einem viel umfassenderen Rahmen sehen als das, was ihr Erdlinge unter „Medizin" versteht.

Natürlich sind viele von ihnen ausgebildet als die berühmten Heiler-Ärzte von ARKTURUS, die im gesamten Universum für ihre besondere Begabung und ihre speziellen Fähigkeiten geschätzt werden.

Auch ihr seid inzwischen mit ihren Methoden der kosmischen Psychotherapie schon ein wenig vertraut – auch wenn eure Kenntnisse nur dem ersten Grad eines Auszubildenden dort nahekommen.

Die Heilkunst der ARKTURIANER umfasst auch solche Gebiete wie Musiktherapie mithilfe von Sphärenklängen, den wohltuenden Einfluss harmonischer Architektur ohne scharfe Ecken und Kanten, wie er von euren Anthroposophen bevorzugt wird, und viele weitere bei euch als „alternativ“ bezeichnete Formen der Einflussnahme, die das Wohlbefinden von Körper und Seele erhöhen.

Die Krankenhäuser auf ARKTURUS sind in dem Fall eher Gesundheitszentren, nicht unähnlich den Sanatorien, Parks und Tempelanlagen eines Äskulap, wie es sie in Epidaurus und Ephesos einst gab.

Ihre ganze Kraft und all ihre zielgerichteten Bemühungen setzen die Arkturianer für Gesundheit und Harmonie im weitesten Sinne ein!

Dies ist einer der Gründe, warum viele unserer Shuttles und Raumschiffe, mit denen die Galaktische Föderation des Lichts die Erde überwacht, von arkturianischen Besatzungen geflogen und betreut werden.

Sie, denen alle Gewaltanwendung fremd ist, sehen eure Erde und das, was GAIA und ihren Kindern angetan wurde, mit großem Mitgefühl und einem zutiefst liebenden Herzen.

Sie betrachten alles, was dem göttlichen Willen zuwiderläuft und Leid verursacht, als „krank“ und sehen darin den tiefen Bedarf an Heilung!

Anders als viele eurer Polizisten, sehen sie sich als wahre Hüter der kosmischen Gesetze, die diejenigen, die diese göttlichen Spielregeln missachten, mit LIEBE davon überzeugen, von ihrem Irrtum abzulassen.

Aber täuscht euch nicht, geliebte Kinder des Lichts:

Wenn es notwendig ist, sind unsere Freunde von ARKTURUS sehr wohl in der Lage, Unrecht zu verhindern und gewalttätige Angriffe auf sehr spezielle Weise außer Kraft zu setzen!

Niemals würden sie ungefragt und ohne göttlichen Auftrag einschreiten, indem sie karmisches Gesetz unwirksam machen oder den Freien Willen der Erdlinge missachten.

Ihre große Stärke liegt in der sanften Kraft ihrer großen LIEBE zu AllemWasIst und in ihrer absoluten Gewaltlosigkeit.

Wir sind unseren Freunden von AKRTURUS zutiefst verbunden für den großen Dienst, den sie GAIA erweisen, indem sie sich für diese Patrouillenflüge zur Verfügung stellen.

In Liebe und Licht,
ICH BIN Ashtar,
gekommen, euch zu dienen.

Kap. 48 Mein Volk – die Santiner

(Ashtar)

Geliebte Kinder des Lichts,
Ashtar spricht.

Es ist nicht meine Absicht, euch hier über jedes einzelne Volk und jede einzelne Sternennation und galaktische Rasse, die es gibt, genauere Angaben zu machen.

Es würde euch doch nichts nützen und ihr würdet diese Informationen, die euch in Wahrheit nichts bedeuten, sofort wieder vergessen. Nur das Wissen, das mit Emotionen verbunden wurde, vernetzt sich im Gedächtnis der Erdlinge dauerhaft.

Vieles ist bereits geschrieben worden über das Volk der SANTINER, dem auch ich angehöre. Christine selbst war ganz überrascht, als sie vor einiger Zeit im Internet auf die vielen Berichte und Informationen stieß, die hier bereits zusammengetragen wurden.

Aber wir haben nicht zugelassen, dass sie sich näher mit diesen Texten befasste, die zum großen Teil aus gut unterrichteter Quelle stammen. Wir schätzen die „unschuldige Wahrnehmung" sehr, mit der Christine unseren direkten Informationen offen gegenübersteht! Umso unverfälschter kann ihr Geist unsere Worte aufnehmen, annehmen und wiedergeben!

Es ist für euch ziemlich unwichtig, woher ich komme! Auch Christine hörte – oder vielmehr las den Begriff SANTINER vor einigen Jahren staunend zum ersten Mal. Zu diesem Zeitpunkt waren sie und ich bereits seit vielen Jahren auch auf der bewussten Ebene miteinander in Kontakt.

Keine blasse Ahnung hatte sie bis dahin gehabt, dass ich zum Sternenvolk der SANTINER gehöre. Wozu auch? **Was wir ihr und euch hier vermitteln wollen, ist eher eine Assoziation, die ihr euch wirklich merken könnt** – wenn es denn unbedingt sein muss:

Stellt euch das Volk der SANTINER vor wie ein Bergvolk – wie die Menschen aus dem Allgäu etwa oder aus der Schweiz. Menschen wie ihr, zartgliedrig und schlank, viele – nahezu die meisten von ihnen – von androgyner Gestalt.

Doch wie jedes Bergvolk, das den Gewalten der Natur und des Wetters in wesentlich stärkerem Maße ausgesetzt ist als die Stadtmenschen, vom SIRIUS z.B., haben die Stürme und der Umgang mit der Natur unser Leben und unseren Charakter geprägt.

Bitte versteht, dass ich hier mit **Assoziationen** Christine ein Bild von der wahren Natur meines Volkes vermitteln möchte. Nein, wir bestellen keinen Acker, wir gehen hinter keinem Pflug her und wir tragen auch keine Lederhosen!

Aber die Ernsthaftigkeit und die Durchsetzungsstärke dieser Menschen, die Tag für Tag ihr „täglich Brot" hart erarbeiten mussten, sind uns durchaus zu eigen!

Ich hoffe, ihr versteht, meine Kinder, worauf es mir hier bei der Schilderung meines Volkes in Wahrheit ankommt. Eine weitere Assoziation mag euch unsere Charaktereigenschaften weiter verdeutlichen.

Auch wenn wir begabte Manifestierer sind und uns mit der Hochtechnologie und der Freien Energie ebenso gut auskennen wie die Kollegen vom SIRIUS, sind wir doch von bescheidener, strebsamer Art.

Wenn ihr einen Vergleich möchtet, so stellt euch bitte die Söhne eines Vaters vor, der für seine Familie wohl gut und liebevoll sorgt, ihnen alles Lebenswichtige in Treue bietet – aber darüber hinaus müssen sie selbst fleißig sein, sich Ziele setzen und neben dem Studium hart arbeiten, um voranzukommen…

Mit „hart arbeiten“ meine ich:
sich Ziele setzen, sie konsequent, aber in Freude verfolgen und sich die Fortschritte im Leben selbst erarbeiten und verdienen.

Es sind die ZIELSTREBIGKEIT und die DANKBARKEIT, die einen wichtigen Teil unseres Charakters geprägt haben: dieses „nie aufgeben“ und der liebevolle Blick auf die Schwächeren, denen es zu helfen gilt, damit sie ihr Ziel im Leben sicher erreichen!

„ICH BIN eine Kämpferin, und ich gebe niemals auf!“ sagt Christine manchmal, wenn sie sich neuen Herausforderungen gegenübersieht. Genau das ist es! Genau dies ist eine Eigenschaft der SANTINER. Versteht ihr, was ich meine?

Wenn Christine früher ihren Kurs-Teilnehmern die Funktion und Wirkungsweise der energetischen Unterstützung erklären wollte, hat sie immer von „***Starthilfe***“ gesprochen.

Sie hat sie immer mit der Situation eines Autos verglichen, das liegengeblieben war und nicht mehr weiterkam. Mit einem Kabel vom Motor eines fahrtüchtigen Autos verbunden, konnte diesem „flügellahmen Kollegen“ bei laufendem Motor Kraft übertragen werden, bis er von selbst wieder weiterkam. Starthilfe eben!

Genau dies ist **unser Verständnis von „Hilfestellung“** und „helfen“, das unser Leben prägt: „Hilfe zur Selbsthilfe“ zu geben, wo es nötig ist und wo wir darum gebeten werden. Und GAIA hat wahrhaftig darum gebeten, wie ihr wisst!

Ich denke, mit diesen wenigen Worten haben Christine und ich euch die Eigenschaften der SANTINER wesentlich eindrucksvoller nahegebracht, als wenn wir euch kalte Fakten und Zahlen geliefert hätten!

„Mit dem Herzen sehen…!“ Darauf kommt es in Wahrheit an! Es war nicht unsere Absicht, hier ein Lexikon zu verfassen.

In Liebe und Licht,
ICH BIN Ashtar aus dem Volk der SANTINER

Kap. 49 ORION – Sport und Technik, aber mit Herz

(Ashtar)

Geliebte Kinder des Lichts,
Ashtar spricht.

Ich glaube, ihr habt inzwischen verstanden, dass hier keine explizite wissenschaftliche Erörterung über neuere „Galaktik – Kunde“ erfolgen soll!

Es ist Christine zwar peinlich, aber sie war damals in Erdkunde nicht besonders gut … Inzwischen ist sie viel gereist in ihrem Leben, und was sie gesehen, gefühlt und erlebt hat, kennt sie – und würde sie auch jederzeit wiedererkennen und wiederfinden.

Aber zu der Zeit, als Erdkunde in der Schule unterrichtet wurde, hatte sie mit ganz anderen Herausforderungen familiärer Art zu kämpfen – und diese Erfahrungen waren viel wesentlicher und existenzieller. Sie haben sie geprägt.

Die ERD-Kunde konnte warten. Abgesehen davon, dass ihre Familie damals kein Auto besaß und sie nicht wie ihre Mitschüler den Sinn des Karten-Lesens auf praktische Weise kennenlernte. Uns ist das alles sehr lieb! Ihr wisst doch: *„unschuldige Wahrnehmung"!*

So ähnlich ging es übrigens Lee Caroll, der ebenfalls von seinem späteren Spezialgebiet, das er in KRYONS Botschaften weitergeben sollte, zuvor keine Ahnung hatte. Genau das schätzte KRYON an ihm!

Aber zurück zum ORION!
Dass es in der Sternennation von ORION lange Zeit nicht mit rechten Dingen zuging, habt ihr inzwischen bereits gelernt. Dass das Volk vom ORION sich inzwischen eines Besseren besonnen hat, haben wir euch bereits in „Buch 1" *(„Erste Hilfe" für GAIA und ihre Kinder- Band 1)* erklärt.

Nur auf diesem Hintergrund war es möglich, das Volk vom ORION in die Galaktische Föderation des Lichts aufzunehmen!

Als eines von ganz wenigen, kennt Christine das Sternbild des ORION sogar „im Schlaf". Jederzeit würde sie diese markante Sternenformation des „Gürtels des ORION" an eurem Winterhimmel wiedererkennen.

Ja, auf einem dieser Sterne von ORION ist auch sie einst zuhause gewesen für einige Zeit! Ihre damalige Ausbilderin hat es ihr während eines Kurses gesagt. Damals, als sie eine sehr kräftig gebaute „Mitschülerin" intuitiv wiedererkannte – einen ehemaligen Mitbewohner vom ORION und späteren Zar von Russland.

Viele von euch, meine geliebten und hochgeschätzten Freiwilligen, haben ebenfalls einen Teil ihrer galaktischen Ausbildung im Gebiet von ORION erhalten – und dort intensiv an der Neugestaltung des

Staatswesens von ORION mitgewirkt! Ähnlich wie ihr euren Dienst heute bei der Neugestaltung der Erde verseht.

Was nun Aussehen und Wesen der eingeborenen Sternenmenschen vom ORION betrifft, so können sie – je nach Mutterstern – doch ziemlich unterschiedlich von Gestalt sein.

Mein lieber Kollege Onka, treuer Begleiter meiner Mission, ist – wie Christine aus eigener Anschauung weiß – eher *„quadratisch, praktisch, gut“*, um es mit einem eurer Werbesprüche zu formulieren. Wie ihr merkt, sind auch die Clown-Engelchen wieder mit von der Partie.

Nein, im Ernst: Genau wie bei euch auch, sind manche Bewohner vom ORION eher stabiler gebaut. Sind sie eher von kleinerer Statur, so wirken ihre gut und kräftig ausgebildeten Muskelpakete im Gesamtbild oft sehr kompakt.

Sie alle sind sehr schöne Menschen, von einem Äußeren, das man gerne anschaut. Was sie alle – fast alle – gemeinsam haben, ist ihre Vorliebe für Sport und körperliche Betätigung. Hierin sind sie wirklich Meister auf ihrem jeweiligen Gebiet.

Onka z.B. liebt Yoga. Aber auch im Kunstspringen ist er wahrhaft „Extraklasse“. Auch hiervon könnte Christine euch aus eigener Anschauung berichten. Aber alle privaten Erkenntnisse möchte sie nun doch nicht preisgeben.

Die Vertreter von ORION sind sehr klug. „Hochintelligent“, würden eure Psychologen sagen, die so gerne mit pseudo-wissenschaftlichen Tests den IQ eines Wesens zu bestimmen pflegen. Wenn die wüssten !

Denn die große, die größte Stärke der „ORIONTEN“, wie wir sie gerne scherzhaft nennen, liegt in ihrer *Emotionalen* Intelligenz, aber auch im Gedankenlesen! Sie lieben es, Rätsel zu lösen, knifflige Probleme auszutüfteln – und besonders die Technik hat es ihnen angetan.

Onka z.B. ist ein absolut genialer „Tele-Mechaniker", was unsere Shuttles angeht! Wir alle, unsere gesamte Crew, sind selbstverständlich darin bestens ausgebildet – aber was für die ARKTURIANER ihre besondere Affinität zur Heilkunst ist, ist für die Bewohner vom ORION ihr technisches Verständnis.

Es sind die kosmo-physikalischen Zusammenhänge, denen sie mit Begeisterung auf die Spur zu kommen versuchen. Ihr Spürsinn ist hierbei wahrhaft unübertroffen!

Onka lässt euch an dieser Stelle übrigens herzlich grüßen. Es ist ihm ein wenig peinlich, so umfassend im Mittelpunkt eures Interesses zu stehen – aber nach all dem Schlechten, das man über seine Sternennation berichtet hat, und das noch dazu ziemlich aufgebauscht und mit Fehlinformationen und Falschmeldungen gespickt wurde, war es notwendig, dieses Bild von unseren kosmischen Sternenfreunden wieder etwas zurechtzurücken.

Auch wir alle machen Fehler, haben Fehler gemacht in unserer Vergangenheit! Fehler sind die Stufen auf dem Weg zur Weiterentwicklung – unabhängig davon, ob es sich um die Fehler einer Einzelperson handelt oder eines ganzen Volkes!

Wir bitten euch herzlich:
Löscht eure Vorurteile gegenüber der Sternennation vom ORION, wie ihr auch die Vorurteile RangNars Volk gegenüber aufgelöst habt!

Ihr könnt versichert sein, dass ich selbst mich in meiner Crew nur mit den Treuesten der Treuen umgebe – und der Galaktische Rat hat die Absichten und Beweggründe des Volkes von ORION gewissenhaft geprüft, bevor sie in die Galaktische Föderation des Lichts aufgenommen wurden.

Denkt an eure eigene Entwicklungsgeschichte auf der Erde, wie da durch korrupte und dunkle Hintermänner, die nur auf ihren eigenen Vorteil bedacht waren, eiskalt manipuliert und Kriege inszeniert wurden.

„*Wie im Kleinen, so im Großen.*" Wie bei euch auf der Erde, so war es auch hier bei den Sternennationen. Woher könnten wir euch und eure Situation auf der Erde sonst so gut verstehen?

So, wie bei euch das LICHT und die LIEBE die Oberhand gewinnt, so war es auch bei uns – bei den Reptilos und auch bei der Sternennation vom ORION. Viele von euch haben damals geholfen, das LICHT wieder zu entzünden in der Zeit, da Dunkelheit das Herz so manch eines Bewohners verblendet hatte!

Der ORION dankt seinen treuen Helfern! Ihr, eure Arbeit und eure LIEBE bleiben unvergessen! In den Annalen des Sternenvolkes sind sie verzeichnet.

ICH BIN Ashtar,
und ich verbürge mich für meine Freunde vom ORION!

Kap. 50 PLEJADEN – Sterne der Sonne

(Ashtar)

Geliebte Kinder des Lichts,
geliebte Kinder von den Sternen,
Ashtar spricht.

Christine war eben doch ein wenig besorgt, da sie selbst so wenig von all den Sternennationen zu wissen glaubt, über die wir sie hier berichten lassen. Nun, etwas Mut gehört immer dazu, die innere

Wahrheit auszusprechen. Und diese ist dem logischen Verstand oft nicht bewusst.

Es ist die WAHRHEIT der reinen Absicht, die WAHRHEIT des Herzens, das tiefer blickt, als auf Einwohnerzahlen und Ähnliches zu schauen. Wir sagten schon einmal: „*Was würde es euch nützen?*“

Dies hier soll kein allumfassendes Kompendium über alle bestehenden Sternen-Nationen werden. Wir geben euch mit diesem gemeinsamen „Buch 4“ ein Grundlagenwerk an die Hand, das euch locken soll mit seinen Informationen, euch eingehender mit uns und unseren Eigenschaften zu beschäftigen.

Wir liefern euch gewissermaßen „Das Kleine 1x1 der Galaxis-Kunde“, auf dem ihr aufbauen könnt, indem ihr selber weiter forscht.

Wir wollen mit unseren Texten und Beiträgen zu euren kosmischen Freunden wieder die LIEBE wecken, die HOFFNUNG, den MUT und das VERTRAUEN, dass eure galaktischen Familien euch gar nicht so unähnlich sind, wie es euch immer gelehrt wurde – sofern man überhaupt jemals von uns gesprochen hat.

Denn immer noch werden wir alle von den selbsternannten „Wissenschaftlern“ entweder geleugnet, negiert oder aber verteufelt und als furchterregende, Menschen fressende Monster dargestellt.

Die wenigen, die seit Urzeiten von unserer Art immer wieder wussten, haben wohlweislich geschwiegen. Ihr selbst wisst, was Kopernikus und Galilei geschah!

Nur: Es sind genau diejenigen Menschen verachtenden **Feinde eurer Erde**, die von weither kamen, GAIA zu erobern und euch zu knechten, zu vernichten und zu quälen, die die kosmischen Mitbewohner leugnen! Auch sie tragen ein menschliches Gewand, auch sie und viele ihrer Handlanger sind noch immer unter euch!

Fragt euch, wer sich selbst immer als besonders „heilig“ und menschenfreundlich darstellt... und dann schaut in ihr Herz – und an ihren Taten werdet ihr sie erkennen! Aber wir möchten uns nicht wiederholen.

Nun aber zu den PLEJADEN!
Vieles ist inzwischen über meine Freunde von den PLEJADEN geschrieben worden und Christine ist sich sicher, dass viele von euch über die eine oder andere Sternennation sicher wesentlich mehr wissen als sie. Aber so darf es ruhig sein – auf der bewussten Ebene!

Es ist uns recht, wenn ihr euch informiert und weiterbildet. Auch Christine kennt die mutigen Bücher von Barbara Marciniak – und doch verfolgen wir mit unserem Bild, das wir euch von euren Brüdern und Schwestern von den PLEJADEN hier vermitteln wollen, eine ganz andere Intention!

Mit unseren Worten wollen wir euer Herz berühren und die Erinnerungen wecken, die ihr alle im Zellgedächtnis tragt! Es sind die „Kern-Informationen“, mit denen ihr alle zur Erde kamt, um für euren Auftrag als Sternenbotschafter bestmöglich gerüstet zu sein.

Je einfacher die Bilder, je schlichter und einprägsamer die Worte, die euch hier Zeugnis ablegen von den Sternen, desto eher werden sie euer Herz berühren und in die Tiefe eurer Seele sinken, um euch zu erinnern!

Ihr alle tragt dieses Wissen um eure Herkunft von den Sternen in euch! Ihr alle, die ihr dieses „Buch 4“ in Händen haltet, **wart früher auf all den Sternen, von denen hier berichtet wird!**

Eure Ausbildung und eure Mission ließen euch von einer Sternennation zur anderen wandern, um Erfahrungen zu sammeln und mitzuhelfen, das LICHT in dieser „verlorenen“ Galaxie wieder neu zu entzünden.

Gut gemacht, meine Kinder! Und wenn ihr euch fragt, welches euer Heimatstern ist, von dem ihr gekommen seid:

Auf allen seid ihr einst zu Hause gewesen – und doch liegt euer Ursprung und eure Heimat weit entfernt in einer anderen Galaxie, in einem fernen Universum!

„Wanderer der Welten" seid ihr, geliebte Kinder! Als Pilger der Göttlichen LIEBE habt ihr euch zur Verfügung gestellt – schon vor langer Zeit!

Hoch seid ihr geachtet von GOTT und GÖTTIN und von allen liebenden Wesen des Lichts! Es wird Zeit, eure wahre Identität wieder in vollem Umfang in Anspruch zu nehmen!

Das LICHT grüßt seine Kinder!
Die Göttliche LIEBE ehrt euer Sein!

Dies alles musste einmal gesagt werden! Doch nun zurück zum eigentlichen Thema eures Interesses, den PLEJADEN!

Das von euch aus so zierlich wirkende „Siebengestirn" trägt eine gewaltige Kraft in sich: ALCIONE, die Zentralsonne der PLEJADEN!

Es genügt hier und heute, ihren Namen zu erwähnen, um euch an eure eigene Vergangenheit zu erinnern! Mehr bedarf es nicht. Vieles wurde bereits geschrieben und berichtet über unsere kosmischen Freunde von den PLEJADEN.

Mehrfach hat Christine in ihrem realen Leben inzwischen physisch inkarnierte Besucher von dort gesehen und erkannt. Immer waren sie sehr groß gewachsen, schlank, mit hellem Haar und einem strahlenden Lächeln.

Und gerne waren sie mit dem Fahrrad unterwegs! Sie lieben die Natur und sind begeistert von der Schönheit der noch urtümlich erhaltenen Wälder, wie z.B. dem Darss.

Sie sind die Sternennation, die euch, geliebte Erdlinge, als die ihr nun einmal inkarniert seid, von all unseren kosmischen Sternengeschwistern noch am ähnlichsten ist. Dies bietet die Chance, euch am ehesten zu verstehen, aber auch die Möglichkeit, sich euch am ehesten verständlich zu machen.

Viele Botschaften, die euch gegenwärtig erreichen, kommen von den PLEJADEN – und doch möchten wir euch warnen: Nicht alle sind echt!

Ihr werdet selber herausfinden, wo Besendung und energetische Manipulation den entsprechenden Kanal verfremdet und die in bester Absicht weitergegebene Botschaft mit Fehlinformationen infiltriert haben.

Besondere Vorsicht ist geboten, wenn euch energetische Hilfe angeboten wird und ihr aufgefordert werdet, *„bedingungslos zu vertrauen“*!

„Ich fürchte die Danaer – auch wenn sie Geschenke bringen!“ ist ein berühmtes Zitat, das darauf hinweist, besonders „einem geschenkten Gaul“ gründlich „ins Maul zu schauen“! Ihr erinnert euch an das Trojanische Pferd? Na, also!

Als „Trojaner“ sind ja auch unliebsame Zusätze bei Emails bekannt, die zu spät bemerkt und zu vertrauensselig geöffnet, massive Schäden anrichten können! Noch ist die Zeit des „Krieges der Welten“ nicht ganz vorbei!

An dieser Stelle möchten wir darauf hinweisen, dass „Danaer“ einst ein anderes Wort für „Griechen“ war! Die echte Bevölkerung von Troja war allerdings blind für die Warnungen ihres Sehers!

Aber zurück zu unseren kosmischen Bundesgenossen und kosmischen Kampfgefährten des Lichts!

Wenn wir alle unsere Sternennationen als Geschwister betrachten, von denen ihr selbst auf GAIA die jüngsten der Familie seid, wären die PLEJADIER die Geschwister, die euch in Alter und Entwicklung am nächsten wären!

Oder: Mit den Fingern einer Hand verglichen, wärt ihr der Kleine Finger, die PLEJADIER wären direkt neben euch, näher als alle anderen Finger, der Ringfinger. Dies soll an dieser Stelle genügen.

Eins noch: **Die Heilungskammern von den PLEJADEN** sind eine wahrhaft gute Einrichtung!

Ihnen könnt ihr vertrauen. Sie entsprechen in ihren Einsatzmöglichkeiten einem kosmischen Notarztwagen – mobil und ausgestattet mit allem, was es braucht, um die Energieversorgung eines kollabierten Energiefeldes sanft und schnell wieder zu aktivieren.

Doch nicht jede Medizin ist für jeden Patienten in jedem Fall gleich geeignet!

Bevor ihr eigenmächtig entscheidet, fragt euer Hohes Selbst, euren großen Goldenen Engel, euer ICH BIN, und beratet euch mit Erzengel Raphael und den Meistern der Heilung, wie Djwhal Khul, Serapis Bey und Hilarion.

Eine „Eigendiagnose" ist nicht in jedem Falle hilfreich. Besonders dann nicht, wenn gerade eine Gehirn-Manipulation am Wirken ist.

Vergesst bitte auch SANANDA nicht in diesem Zusammenhang! Er wirkte in seiner Inkarnation als Yeshua ben Joseph als Meisterheiler. Sogar eure Bibel konnte nicht umhin, seine heilige Begabung anzuerkennen.

In Liebe und Licht,
ICH BIN Ashtar,
gekommen, euch zu lehren und zu unterweisen.

Kap. 51 SIRIUS – Stern von Ägypten

(Ashtar)

Geliebte Kinder des Lichts,
geliebte Schüler der Kosmischen Wissenschaften
Ashtar spricht.

Heute wollen wir uns dem SIRIUS zuwenden, der schon in alter Zeit als Stern der Magier und der Eingeweihten galt. Nein, das bedeutet nicht, dass diese Praktiker der Schwarzen und Weißen Magie dort den größten Teil der Bevölkerung stellen. Ganz gewiss nicht!

Doch schon zu Zeiten von ATLANTIS versprachen sich die Energie-Wissenschaftler für ihre Kristallarbeit Unterstützung von seiner Kraft. Es ist wahr, dass der SIRIUS bestimmte Energiearbeit unterstützt, wenn man seine Kraft zu lösen und zu bündeln versteht.

Doch hütet euch wohl: Auch den Atlantern wurde ihr Hochmut und ihre unersättliche Gier nach Wissen, Energie und Macht zum Verhängnis!

Einer reinen Seele aber, die in bester, uneigennütziger Absicht die Kräfte des Lichts zu Hilfe ruft, neigen sich auch die kristallinen Energien des SIRIUS freundlich zu.

Hütet euch wohl, ihr Erdlinge! Nur dem Eingeweihten ist es gegeben, Wissen und Hilfe demütig zu erbitten!

Wie auch die Erweckung eurer Kundalini nicht mit Gewalt und trotzigem *„Ich will aber…!“* forciert werden darf, wenn nicht bleibender Schaden an Körper und Seele den vorwitzigen Probanden für Lebenszeiten kennzeichnen sollen, **so darf sich auch niemand ungestraft der Kraft SIRIANISCHER Energien bedienen!**

Wohl ist die Wesenheit, die als lebende Seele dem SIRIUS Bewusstheit und Ausdruckskraft verleiht, allen Wesen freundlich zugeneigt – doch auch Elektriker berühren niemals voller Hochmut eine Hochspannungsleitung mit den bloßen Händen!

Weit, weit seid ihr mit eurem Bewusstsein und eurer energetischen Ausbildung davon entfernt, den Rang eines Adepten zuerkannt zu bekommen, der mit der Leuchtkraft dieses Giganten zu arbeiten vermag!

Haltet Abstand und bleibt bescheiden! Und gerade euch, ihr Atlanter von einst, sei gesagt: ***Ein Stern vergisst niemals, wenn er missbraucht werden sollte mit seiner Kraft!***

Es ist wahr, dass **die Pharaonen** der ersten und zweiten Dynastie eingeladen waren, das Wissen hoher Eingeweihter vom SIRIUS selbst zu nutzen. Doch nur selten machten sie Gebrauch von diesem Geschenk, das als GNADE für Uneigennützigkeit und Heiliges Handeln gewährt worden war.

Immer wieder besuchten Abgesandte dieses Mega-Sterns die Erde und unterstützten die Staatslenker von Ägypten in ihrem Dienst am Volk, während sie im Lande Kal eine neue Kultur und eine hohe, Geist-gelenkte Zivilisation aufzubauen bestrebt waren.

Es ist das hermetische Resonanz-Gesetz, das diesen Kontakt mit den Besuchern vom SIRIUS ermöglichte – oder verweigerte!

Doch dies alles gehört einer anderen Zeit an. Wir erwähnten es aus dem einzigen Grund, euch zu erinnern und altes Wissen in euch zu aktivieren, das ihr einst in DEMUT und LIEBE zu AllemWasIst zu gebrauchen wusstet.

Was die Sternennation vom SIRIUS betrifft, so wie sie gegenwärtig lebt, so hat Christine auch hier mehrfach Einblicke gewinnen können. Mein guter Freund und Kampfgefährte RysKiAr hat seine Energie damals aus Liebe zu euch allen so weit gesenkt, bis Christine seine körperliche Gestalt deutlich erkennen konnte. (Wir meinen jetzt nicht die Begegnung „under cover“ beim Frühstück in der Nähe von San Franzisco!)

Auch weitere Begegnungen mit kosmischen Freunden vom SIRIUS hat es gegeben, als wir Christine mehrfach in unserem Shuttle auf eine Zeitreise zum SIRIUS mitnahmen, während ihr physischer Körper auf der Meditationscouch ruhte.

Ein dritter Besuch dort fand zusammen mit einer Vertrauten statt, die Christine damals längere Zeit zum gemeinsamen Lernen aufsuchte. Wir danken Christine an dieser Stelle für ihren Mut und ihre Treue, mit der sie damals diesen energetischen Reisen zustimmte.

Christine, die New York damals noch nicht aus eigenem Erleben kannte, war sehr überrascht von der Ähnlichkeit der Wolkenkratzer dort, deren Wände durchsichtig waren und aus einer Art gläserner Energie bestanden.

Ähnlich dem Licht des Sterns, den die Weisen im Alten Ägypten für Gott-ähnlich ansahen, könnte man auch die Energie seiner Bewohner für kühl und vielleicht sogar „abweisend“ halten.

Dies passt jedoch in keiner Weise zu der Herzlichkeit, mit der Christine von der dortigen Bevölkerung begrüßt und aufgenommen wurde! Es ist das glasklare Energiefeld, das diese leicht kühle Zurückhaltung auszustrahlen scheint.

Es ist in hohem Maße mental – logisch orientiert, ohne dabei die Weisheit des Herzens zu verleugnen. Vielleicht liegt es auch daran, dass euch die SIRIANER in ihrem Wissen, Denken und Verstehen um Lichtjahre voraus sind!

Wir wollen euch mit dieser Bemerkung in keiner Weise herabsetzen, aber entweder wollt ihr wissen, lernen und verstehen – dann müsst ihr auch in Kauf nehmen, dass wir euch wahrheitsgemäß Auskunft geben –, oder ihr lasst es bleiben!

RysKiAr ist übrigens einer der Reisebegleiter, die wir Christine von Zeit zu Zeit zu ihrem Außendienst mitgeben. Er nutzt hierfür – wie wir alle – seine Fähigkeiten zu Telekinese und Bilokation.

Vor einiger Zeit baten wir Christine, sich doch bitte endlich einmal die Filme von Star Wars anzuschauen. Wir wollten ihrem eigenen Erinnerungsvermögen gerne ein wenig auf die Sprünge helfen und waren sehr froh, dass sie unserer Aufforderung nachkam und Nachhilfe bei Lucas nahm.

Der Autor dieser Bücher, der später die Filme in Eigenregie produzierte, ist einer unserer guten Freunde und Mitarbeiter aus der Abteilung „Öffentlichkeitsarbeit"! Viele Aspekte dieser Filme erkannte Christine bei dieser Gelegenheit als von uns inspiriert.

Ich komme nur deswegen darauf zu sprechen, weil Christine in einer Sequenz eine Erklärung dafür erhielt, warum sie uns oft, so wie jetzt auch, physisch-energetisch als Anwesenheit unseres Energiefeldes spürt – womit sie recht hat.

Andererseits war sie sich sicher, dass wir nicht unsere Kontrollfunktionen und unsere leitenden Tätigkeiten auf dem Mutterschiff zugunsten eines neuen Buchprojektes vernachlässigen würden.

Die Erklärung lieferte eine Szene aus dem Film, in der der Rat der Jedi mit Obi Wan Kenobi telepathisch Kontakt aufnahm – oder umgekehrt!

Die „Telefonnummer" wurde gewählt und der Rat der Jedi sah und hörte gleichzeitig ein genaues energetisches Abbild des Jedi-Ritters, der da am anderen Ende der Leitung präsent war.

Es besteht sehr wohl ein kleiner Unterschied zu dem „echten" Anrufer, denn der Sendeapparat ermöglichte lediglich eine Art Astralbild, eine bewegliche Kopie des Originals. Es lohnt sich vielleicht auch für euch, diese alten und doch in weiser Absicht produzierten Filme noch einmal auf ihr spirituelles und kosmisches Hintergrundwissen zu untersuchen!

In Liebe und Licht,
ICH BIN Ashtar
und ich überbringe euch die Grüße von zu Hause.

Kap. 52 Nicht alle sind euch freundlich gesinnt

(Ashtar)

Geliebte Lehrlinge der Kosmischen Wissenschaft,
geliebte Kinder des Lichts,
Ashtar spricht.

Vorhin, als die herabströmenden Energien des heutigen 16-5-16 Portaltages zu heftig wurden, haben wir Christine eine kleine Pause verordnet. Schließlich wollen die kostbaren Informationen der codierten Nachrichtensendungen, die mit diesen Energien verbunden sind, von aufnahmebereiten Körpern und Seelen empfangen, integriert und verarbeitet werden!

Allzu viel allzu schnelle Neuerungen, die nicht in ihrer wahren Bedeutung begriffen werden, sind auch für euch, geliebte Sternenbotschafter, ungesund.

Was zu schnell und zu begierig aufgenommen und als Nahrung nur halbgar oder sogar unzerkaut heruntergeschlungen wird, kann allzu leicht den seelischen Magen verderben und zu Verdauungsbeschwerden mentaler Art führen. Damit aber ist keinem gedient, weder euch noch uns!

Christine fragte sich also in aller Achtsamkeit, ob heute, an diesem Tag, noch weitere Texte von uns heruntergeladen und notiert werden wollten. „Drängeln" geht gar nicht bei dieser Art von Arbeit.

Aber natürlich nutzen wir sehr gerne die Heiligkeit und Stille des heutigen Tages, um euch weitere Informationen zukommen zu lassen. Prüft sie bitte, wie immer, mit dem Herzen auf „Bekömmlichkeit" und übernehmt nur die Angaben, die zu eurer eigenen Wahrheit passen.

Und genauso solltet ihr auch euren eigenen Zuhörern und spirituellen Schülern die Wahl ihrer eigenen Wahrheit zugestehen. Dies sei hier nur am Rande erwähnt!

Ja, natürlich haben wir weitere Informationen für euch, die euch eure Aufgabe als Sternenbotschafter erleichtern und für euer eigenes Verständnis hilfreich sein werden! Nicht alle solltet ihr ungefragt und ohne darauf angesprochen worden zu sein, an eure interessierten Zuhörer weitergeben! Auch schweigen will gelernt sein, – was aber nichts mit *ver*-schweigen zu tun hat!

Auch eine Mutter oder ein liebender Vater werden ihr noch unerfahrenes Kleinkind nicht gleich mit Gespenstergeschichten oder Kriegsberichterstattungen konfrontieren. Genausowenig wie man einem Schulkind den Genuss von Alkohol oder anderen schädigenden Suchtmitteln gestatten würde

Als Christine vorhin überlegte, über welche weiteren Sternennationen oder kosmischen Rassen wir hier vielleicht berichten würden, erkannte sie, dass es mit den bereits erwähnten Völkern sein Bewenden haben mochte.

Auch sie kennt – dem Namen nach – noch weitere Rassen. Auch sie weiß aus eigenem Erleben heraus um die Manipulationen und Drohgebärden dunkler Vertreter der Macht – auch auf der ganz real erlebbaren physischen Ebene.

Es gibt die „Hellen“, die „ganz Hellen“, aber auch die „ganz Dunklen“- und es gibt jede Menge Schattierungen und Grautöne.

Wir erwähnten es bereits, dass die „ganz dunklen“ Machthaber und Drahtzieher dieser Schattenspiele inzwischen zwangsweise die Erde verlassen haben.

Unsere Befugnisse zu eurem Schutz wurden inzwischen von GOTT und GÖTTIN dahingehend erweitert, dass keine neuen Invasoren feindlicher Kosmonauten mehr Zutritt zu eurer Erde bekommen werden. Das Göttliche Gesetz hat entschieden!

Mit jedem Tag, mit jeder Stunde nimmt das LICHT auf GAIA exponentiell zu. Das Erwachen der gesamten Menschheit hat begonnen. Die Pioniere des LICHTES und der LIEBE und unsere tapferen „Bodentruppen“ von der Galaktischen Föderation des Lichts haben ganze Arbeit geleistet. Glückwunsch, meine Lieben!

Wenn wir es nun mit unserer Vorstellung kosmischer Freunde bei den genannten Sternennationen meiner Crew bewenden lassen wollen, die Christine aus eigenem Erleben kennt, so hat das seinen Grund.

Ihr kennt ihn bereits. Wir hatten nicht vor, hier ein Kompendium der galaktischen Rassen zu veröffentlichen, aufgezählt und klassifiziert nach menschenähnlichen Merkmalen und in alphabetischer Reihenfolge.

Es ist ein Anfang, meine Geliebten! Weitere Informationen werden folgen. Und doch gilt es, hier noch ein paar weitere Besonderheiten zu erwähnen:

Wie ihr wisst, hat Christine vor mehreren Jahren Erfahrungen im Zusammentreffen mit einem kleinen „Grey“ machen dürfen. Vorsicht war hier geboten – und **Vorsicht ist immer noch geboten** bei Wesenheiten wie ihm, die nicht ausdrücklich von uns vorgestellt wurden!

Ja, es gibt auch viele kosmische Vertreter der Lichtseite, die nicht unbedingt „menschenähnlich“ aussehen und doch der Lichtseite angehören. Wir sprachen davon bereits im „Buch 1“ *(„Erste Hilfe“ für GAIA und ihre Kinder – Band 1).*

Das beste, liebste Beispiel hierfür ist mein guter Freund RangNar, der weise Reptilo. Es gilt also, mit dem Herzen zu sehen und achtsam zu unterscheiden.

Aber ich sprach vorhin von Geschichten, die nicht unbedingt als erste Informationen für die Neulinge geeignet sind, die zum erstenmal mit dem Gedanken an „Aliens“ und „ETs“ vertraut gemacht werden sollen.

Beides übrigens keine schönen Namen für eure Brüder und Schwestern von den Sternen! **Achtet gut darauf, welche Bezeichnungen ihr für uns verwendet!** Wählt sie mit Achtsamkeit so, dass sie LIEBE und Verbundenheit zu uns auszudrücken vermögen.

Also: Was sind das nun für „Gespenstergeschichten“, mit denen ihr niemanden erschrecken, – die ihr aber zumindest kennen solltet? (Sanftere Gemüter unter euch sollten den folgenden Text überspringen!)

- Es ist wahr, dass es Entführungen von Erdlingen gegeben hat durch dunkle kosmische Vertreter der Macht.
- Es ist wahr, dass es Operationen und Manipulationen an menschlichen Körpern „zu Forschungszwecken“ gab. – Nicht von unserer Seite, selbstverständlich!
- Es ist auch wahr, dass bei der Gelegenheit genetisches Material und ebenso Stammzellen entnommen wurden, um zu klonen und diese Klone dann in eure führenden Machtpositionen einzusetzen.
- Es ist ebenso wahr, dass auch Tierkörper hierfür aufgeschnitten und Erbgut entnommen wurde.

- Und es ist des Weiteren wahr, dass mit allen Mitteln daran gearbeitet wurde – und noch wird –, mithilfe von Gehirnmanipulationen und Implantaten so viele Menschen wie möglich auf der Erde für dunkle Machenschaften zu missbrauchen und zu programmieren, um noch möglichst viel Schrecken, Angst und Leid auf GAIA zu erzeugen.

All diese Dinge sind tatsächlich geschehen. Es sind keine Hirngespinste von Psychopathen und psychisch Kranken!

Ganz zu Anfang, als sich Christine mit meinen Botschaften und dem Kontakt zu mir auf ihrem Blog geoutet hat, bekam sie sehr viele Zuschriften von Leidtragenden, die sich an die eine oder andere Grausamkeit aus eigenem Erleben erinnerten.

Wir möchten euch darauf hinweisen, dass auch ihr mit der Schilderung solcher Erlebnisse konfrontiert werden könntet. Zumindest könntet ihr auf diese Thematik angesprochen werden.

Bitte versteht, dass es eine große Erleichterung für die Betroffenen bedeutet, über ihre Erlebnisse endlich offen sprechen zu können, ohne als Lügner oder Phantasten abgestempelt zu werden!

Ihr erfüllt hier einen wichtigen therapeutischen Auftrag und sollt wissen, dass ihr niemals mit Aufgaben konfrontiert werden könntet, denen ihr nicht gewachsen seid.

Auch wenn nur davon gesprochen wird, dass „angeblich“ solche Entführungen und Grausamkeiten passiert sind, leistet ihr einen großen Dienst zur Angstbewältigung!

Sagt diesen Menschen, dass diejenigen, die diese Taten verübten, kein Gefühl dafür hatten, dass sie ihren Opfern Schmerz zufügten. Den kosmischen Forschern der Dunkel-Fraktion fehlt zudem jegliches Unrechtsbewusstsein.

Ihr könnt dies durchaus mit den Tierversuchen vergleichen, die auch bei euch noch „im Namen der Wissenschaft" durchgeführt werden. Auch vielen Erdlingen ist es immer noch nicht bewusst, dass auch Pflanzen fühlende Wesen mit eigenem Bewusstsein sind. Soviel zu diesem leider sehr traurigen Thema!

Bitte vergesst nicht:

Viele „Außerirdische", die sehr wohl die hohe Intelligenz zur Herstellung technischer Flugkörper besitzen, um euch zu besuchen, sind auf der emotionalen Ebene – und noch viel mehr in ihrem spirituellen Bewusstsein – auf einer sehr niedrigen Stufe stehengeblieben.

Bitte erinnert euch auch hier an eure eigene Geschichte: Auch viele der hochintelligenten Atlanter hatten kein Unrechtsbewusstsein und die spirituelle Entwicklung und Reife war zugunsten der mentalen Entwicklung vollkommen vernachlässigt worden.

Anders lassen sich viele menschenverachtende Experimente von eingebauten Implantaten, „zu Forschungszwecken" geklonten, willentlich erzeugten „Missgeburten" und übergriffige medizinische Experimente nicht erklären.

Atlantis hat seinen Preis gezahlt, aber ihr alle auf GAIA wart damals die Leidtragenden, traumatisiert für Jahrtausende.

Dies sind Aspekte, die ebenso zur Geschichte der kosmischen Einwanderer – oder besser gesagt: Invasoren – gehören und die ihr im Hinterkopf parat haben solltet, wenn sie von anderer Seite angesprochen werden!

Die Mitglieder der Galaktischen Föderation des Lichts und die befreundeten Sternennationen des Lichts distanzieren sich ausdrücklich von diesen Praktiken! Wir hatten und wir haben damit nichts zu tun!

Wir unterstehen den Kräften des Lichts und unser Dienst für euch und die Erde erfolgt in Übereinstimmung mit SPIRIT und in tiefer LIEBE zu euch. GOTT und GÖTTIN selbst sind unsere Zeugen, dass wir wahrhaft eure Freunde sind!

ICH BIN Ashtar,
gekommen, euch zu dienen.

Kap. 53 Die Verantwortung liegt bei euch

(Ashtar)

Geliebte Christine,
geliebte Tochter des Lichts,
Ashtar spricht.

Bevor wir unser gemeinsames „Buch 4" miteinander auf den Weg bringen, haben wir noch ein paar Sicherheitshinweise für euch!

Es ist nicht unsere Absicht, euch zu ängstigen, sondern wir möchten euch einfach auf eure eigene Verantwortung hinweisen, die wir euch beim besten Willen niemals abnehmen können.

Es ist wahr, dass die Lichtschiffe der Galaktischen Föderation des Lichts, und insbesondere die der ARKTURIANER, euch und eure geliebte Erde vor manipulativen Übergriffen kosmischer Nicht-Freunde schützen.

Es ist uns eine Ehre und wir setzen all unsere Fähigkeiten und all unser Wissen dafür ein, dass GAIA und ihre Kinder sich frei von äußeren Einmischungen in ihr wundervolles Potenzial hineinentwickeln können.

Es ist „Laufen lernen auf hohem energetischem Niveau", meine Geliebten. Da soll und darf euch kein kosmischer „Beinchensteller" in die Quere kommen. Und es ist unsere vornehmste Pflicht, genau dies zu verhindern.

Zwei Aspekte gibt es allerdings, die die Wirksamkeit unserer Bemühungen einzuschränken vermögen. Es ist uns sehr wichtig, dass ihr diese Einschränkungen kennt, damit später keine unberechtigten Reklamationen von euch kommen:

1. Immer haben euer eigener Lebensplan und die Wahl, die eure Hohe Seele für diese Inkarnation getroffen hat, oberste Priorität. Niemals würden wir es uns einfallen lassen, in Entscheidungsbefugnisse des Karmischen Rates einzugreifen oder sie zu umgehen. Dies sollte euch deutlich bewusst sein!

Wenn überhaupt jemand das Recht und die Möglichkeit dazu besitzt, den Karmischen Rat umzustimmen und kraft göttlicher GNADE eine Änderung bereits bestehender karmischer Verträge zu erwirken, so ihr selbst!

Göttliche GNADE ist das Gesetz GOTTES und der GÖTTIN, das über allem steht!

Jederzeit seid ihr – oder eure Lieben – befugt, diese anzurufen. Auch ein seit langem festgelegter Lebensplan kann auf bewusster Ebene und in Übereinstimmung mit SPIRIT – und in dem Fall in Übereinstimmung mit eurem großen Goldenen Engel, eurem ICH BIN – noch in letzter Sekunde geändert werden.

Christine selbst hat vielfach gesehen und erlebt, wie ein bereits in Bewegung gesetztes Schicksal in letzter Sekunde eine Wende zum Besseren erfahren hat – oder die Bitte einer Seele um Beendigung des eigenen Lebens erfüllt wurde.

All dies verfügen GOTT und GÖTTIN aus großer LIEBE zu ihren Kindern.

2. Doch auch die andere Alternative ist möglich. Und genau sie ist es, vor der ihr euch – eurer eigenen Verantwortung gemäß – in Acht nehmen mögt!

Bereits seit längerem gibt es Praktiken unter euch, in denen Erdlinge sich und ihr Energiefeld blind vor Hochmut und geblendet von einem vollkommen unzutreffenden „*Yes, we can!*" auf fahrlässige Weise unguten kosmischen „Freunden" öffnen.

Kinder, Kinder, ihr spielt mit dem Feuer! Wir meinen dies sehr wörtlich, denn ihr spielt mit dem alles verzehrenden Feuer eurer eigenen Kundalini-Energie!

Bereits seit einigen Minuten erinnern wir Christine parallel zu unseren Worten an die symbolischen Bilder eines eurer Märchen. Es geht um die warnende Geschichte **„Vom Wolf und den sieben Geißlein".**

Aber zunächst möchten wir ganz konkret Bezug auf die Verhaltensweisen mancher neugieriger Erdlinge nehmen, damit ihr wisst, wovon hier die Rede ist.

Immer wieder in den vergangenen Jahren gab es Aufrufe in besonders „spirituellen" Kreisen, dass „mutige" – wir würden eher sagen „übermütige" – Pioniere von sich aus Kontakt mit „außerirdischen" Kräften aufnehmen sollten.

Es wurden regelrechte Gruppen-Events veranstaltet, an denen sich zu gleicher Zeit viele Teilnehmer wie Versuchskaninchen aus der schützenden Deckung wagten und kosmische Besucher zu sich einluden.

Niemals, meine Geliebten, **dürft ihr von euch aus Tür und Tor eures Energiefeldes und eurer – durch uns geschützten – Bereiche in solch fahrlässiger Weise öffnen!** Damit nehmt ihr uns und auch euren eigenen Schutzengeln und den Torhütern eurer Seele jegliche Möglichkeit, intervenierend einzugreifen!

Wie wollt ihr – oder vielmehr diejenigen, die sich hier zu solchen Experimenten verleiten ließen –, Freund und Feind unterscheiden?

Niemals würden sich verantwortungsbewusste Freiwillige der galaktischen Bodentruppen des Lichts zu solchen Test-Veranstaltungen bereit erklären!

Viele derer, die dann natürlich tatsächlich ihre Erfahrungen mit kosmischen Besuchern„á la Wolf" machten, sind für ihr ganzes weiteres Leben davon gezeichnet!

Erinnert euch an das Märchen! Der da vor der Tür stand und mit säuselnden Worten Einlass erbat, war ganz gewiss nicht die liebende Mutter, die sie erwartet hatten. Es war das Verderben, das in Gestalt des Todfeindes der kleinen, dummen Geschöpfe über sie kam!

Diejenigen hingegen, die sich hier kosmische „Zufallsbekanntschaften" nach Hause eingeladen und sich und die Unversehrtheit ihres eigenen Energiefeldes und ihrer eigenen Seele auf solch unverantwortliche Weise aufs Spiel setzen, gehen noch einen Schritt weiter.

Während die kleinen, unschuldigen Tierkinder im Märchen auf listige Weise getäuscht wurden und sich zumindest Mühe gaben, den Sicherheitsanweisungen ihrer Mutter Folge zu leisten, öffnen die „*Yes, we can!*" – Praktiker unter den Erdlingen aus eigenem Willen die Sicherheitsschleusen ihrer Seele! Erkennt ihr den Unterschied?

Und dann hilft ihnen nichts und niemand mehr, es sei denn, sie erinnern sich doch noch in letzter Sekunde und rufen selbst um Hilfe!

Doch auch dann wird es schwierig für uns, denn die Konsequenzen ihres Ego-gesteuerten „*Wir können das, wir sind schon groß!*" müssen sie selbst erfahren. Das wiederum ist göttliches Gesetz der Seele.

Viele sind für immer psychisch gestört – viele weitere verführt und zu willenlosen Dienern schwarzer Machenschaften geworden. Denn auch viele Interessierte aus dem Astralbereich fühlen sich von solchen pauschalen Einladungen zum „blind date" angesprochen!

Es war uns sehr wichtig, euch auch diese Informationen zu geben. Denn ihr seid die Lehrer! Ihr seid die Botschafter, die auch dieses Wissen kennen müssen, wenn es euer Auftrag erfordert.

Noch einmal möchten wir euch daran erinnern, dass auch jederzeit in eurer Funktion als Sternenbotschafter Göttliche GNADE, Göttliche INTERVENTION und Göttliche REGULIERUNG erbitten könnt für andere – wenn diese bereit sind, eurer Bitte zuzustimmen! Denn immer noch gilt auf der Erde das Gesetz des Freien Willens!

Nun aber bitten wir euch:
Konzentriert euch auf euer gutes Ziel und auf euren heiligen Auftrag, das Wissen um uns, unsere Existenz und unsere Anwesenheit auf der Erde bekannt zu machen.

Freut euch über die Ehre, die euch zuteil wurde, aber prahlt nicht damit! Auch hier gilt: *„Weniger ist mehr! Mehr sein als scheinen!"*

Nicht jeder würde verstehen, wenn ihr euch als „amtierende Sternenbotschafter" vorstellt! Ihr wisst doch: *„An euren Taten werdet ihr erkannt werden!"*

Seid Vorbild! Vorbild in eurem VERTRAUEN, in eurer LIEBE und in eurem MITGEFÜHL! Zeigt euren Mitmenschen, wie es ist, *„mit dem Herzen zu sehen"* und Worte der LIEBE zu sprechen.

Seid, die ihr schon immer wart: Boten des Lichts, gekommen, den FRIEDEN auf Erden zu ermöglichen und wiederherzustellen!

In Liebe und Licht,
ICH BIN Ashtar,
und wir sind an eurer Seite. Es sei!

6. TEIL
SONDERMELDUNG

Kap. 54 Updates über Updates

(Christine)

Liebe Leserin, lieber Leser,
seit Tagen bereits donnert die „dritte Welle" höchster kosmischer Energien über uns alle herein. Sogar mich hat eine kleine, aber feine Halsentzündung ereilt, um sicherzustellen, dass ich mich derzeit nicht mit körperlichen Aktivprogrammen übernehme.„Herunterladen", ist angesagt! Herunterladen und integrieren. Na, dann…

Ebenfalls seit Tagen hat sich meine Traumtätigkeit so sehr gesteigert, dass ich mich am nächsten Morgen nicht nur an zwei oder drei buntgemischte Hilfsinformationen erinnern kann, sondern es mir möglich ist, bis zu sieben „komplett belichtete Farbfilme" abzurufen und in allen Einzelheiten zu notieren.

Hatte ich mich in den ersten Tagen noch gewundert, weil auch die Traumqualität selbst sich geändert hat, so habe ich heute Morgen begriffen, dass anscheinend unser gesamtes Leben „upgedatet" wurde!

Zufällig erinnere ich mich heute früh an keinen einzigen Traum – noch nicht. Aber ich wurde mit der ganz klaren Erkenntnis geweckt, dass sich alles geändert hat.

Passend dazu wurden mir bereits die Überschrift und die ersten Sätze dieses – gar nicht mehr vorgesehenen – Kapitels heruntergeladen, und es wurde so lange gedrängelt, bis ich schließlich aufstand, um sie zu notieren.

Aber zurück zu meinen Träumen und all den Veränderungen, die da plötzlich mehr als deutlich sichtbar sind:

Früher – ganz früher – waren Träume für mich „Träume“. Nun, so ganz stimmt das auch wieder nicht. Bereits als Kind wusste ich, dass ich manche „Abenteuerfilme“, die ich da nachts ganz real erlebte, wirklich „lebte“.

Der Begriff „Reinkarnation“ war mir damals noch unbekannt, aber später verstand ich, dass es sich um ganz klare Erinnerungen an frühere Leben gehandelt hatte.

Später verarbeitete meine Seele nachts Situationen des Alltags, die auch für ein Kind mehr Bürde als normale Erfahrung gewesen waren...

Und noch später begann ich, viele Traumsequenzen als Vorinformationen zu erkennen, die mir Situationen ankündigten, mit denen größere Schwierigkeiten verbunden sein würden. Sie waren so gut codiert, dass ich erst in dem Augenblick ihren Sinn und die hilfreiche Botschaft erkannte, als es dringend war.

Als dann meine Tätigkeit als Therapeutin immer stärker zum Tragen kam, waren es oft symbolische Hinweise auf Lösungen für Klienten, die mich meist erst drei Tage später um einen Termin baten.

Sie wissen doch: „Joseph, der Träumer“! (Vgl. *„Erste Hilfe für GAIA und ihre Kinder“- Band 2*)

Dass in besonderen Fällen meine Träume auf lucide Art kosmisches Zeitgeschehen abbildeten, kosmische Luftkämpfe oder auch Besuche und das Zusammentreffen mit kosmischen Freunden, gehörte eher zu den Ausnahmen. Glücklicherweise!

Denn einen echten kosmischen Luftkampf mitzuerleben, wie es mir später auch einmal im Wachtraum passierte, kann sehr traumatisierend sein!

Lange schon wissen wir, Sie und ich, dass unser wahres Zuhause dort oben ist. Hier unten auf der Erde sind wir für unsere Arbeitseinsätze.

Und dass wir nicht wirklich „schlafen", wenn wir schlafen, haben zumindest Sie und ich auch längst verstanden. Dann beginnt nämlich die echte Arbeit auf Seelenebene: Verunglückte retten, Seelen heimführen, Kranke und Sterbende trösten

Und oft auch außer-physische Arbeit bei Katastropheneinsätzen! Wie sonst wäre der extra-orbitante Muskelkater zu erklären, den unsere Körper so oft morgens beim Aufwachen hatten? Nicht alles sind Transformations-Schmerzen und Anpassungs-Symptome!

Auch an diese nächtlichen Arbeitseinsätze erinnern wir uns oft in luciden Traumsequenzen. Dies sind auch die Träume, in denen es Geübteren von uns möglich ist, bewusst willentlich in das Traumgeschehen einzugreifen und den Ablauf der Handlung mitzubestimmen.

Es ist klar, dass wir nachts, während unsere Körper schlafen, all die Aufgaben erfüllen, für die unser normaler physischer „3-5D" – Körper nur hinderlich wäre. Soweit hatten wir das bereits verstanden.

Jetzt aber, seit wenigen Tagen, hat sich – zumindest für mein Verständnis – die Situation grundlegend geändert:

Die Träume der vergangenen Nächte scheinen darauf hinzudeuten, dass wir uns nachts bereits in wesentlich höheren Dimensionen auf der „Neuen Erde" befinden und uns da bereits häuslich einrichten!

Und wenn es hier auf dem „veralteten Modell" – entschuldige, GAIA! –wieder Tag wird, flitzen wir mit unserem Seelenkörper und unserem Bewusstsein wieder zurück, um die energetischen und praktischen Aufräumungsarbeiten zu leiten, anzuleiten und zu koordinieren! Verstehen Sie, was ich meine?

Es ist wie nach einem Umzug! Wir sind schon „drüben" angekommen, dort, wo alles schön und neu ist, und sind dabei, alles einzurichten und uns einzuleben. Aber noch ist das alte Haus, die alte Wohnung, nicht ganz leer!

Es gilt noch, die Dinge zu entsorgen und wegzuwerfen, die wir in unserem schönen, neuen Zuhause auf der Neuen Erde nicht mehr haben wollen und auch nicht brauchen können. Und Putzen muss auch noch sein. Denn so können wir anderen den Schlamassel auch nicht hinterlassen.

Und so sind wir zurzeit ebenfalls „zwischen den Welten" unterwegs. Nur, dass sich der Fokus inzwischen deutlich verlagert zu haben scheint.

Wir kommen immer noch hierher, haben hier unsere Arbeit – und ganz besonders die Bewusstseins – Arbeit, die es für andere hier zu leisten gilt. Aber mit mehr als 65% sind wir bereits „drüben" beim Aufbau von GAIA 2 und der Neuen Erde beschäftigt.

Hier befindet sich inzwischen nur noch der „Baustellenwagen", in dem wir vor Ort übernachten, wenn es gilt, unsere Arbeit zu tun.

Ich kann es nicht besser erklären. Aber Sie verstehen auch so ganz gut, was ich meine. Wozu sind Sie denn schließlich hellsichtig?

Es scheint, dass sich die Hologramme voneinander zu lösen beginnen, wie Eigelb und Eiweiß, wenn man nicht beides gleichzeitig für einen bestimmten Kuchenteig verarbeiten will.

Im Augenblick sind wir noch auf beiden Modellen unterwegs – aber dies hier ist das „Auslauf – Modell"! GAIA selbst ist ebenfalls schon zu mehr als 70% „umgezogen".

Noch gilt es, so viele „Hinterbliebene" wie möglich an all die neuen Erkenntnisse heranzuführen und in unsere schöne Neue Welt herüberzulocken! Genau dafür sind Sie gekommen: als Sternenbotschafter! Wer dann immer noch nicht will, wird auf der „alten" Erde zurückbleiben.

Kap. 55 Das Ende ist kein Ende

(Ashtar)

Geliebte Christine,
geliebte Kinder des Lichts,
Ashtar spricht.

Es ist wahr: Die Überschrift dieses – vorläufig – letzten Kapitels von „Buch 4" haben wir aus „Buch 3" *(„Erste Hilfe" für GAIA und ihre Kinder – Band 2)* übernommen. Erinnert ihr euch?

Damals sagten wir euch: *„Das Lernen geht weiter! Freut euch drauf!"* Und? Haben wir euch zu viel versprochen? Diesmal sagen wir euch: ***„Die Abenteuer gehen weiter! Freut euch drauf!"***

An dieser Stelle möchten wir Christine dafür danken, dass sie in bewährter Weise die Eindrücke ihre „Updates" so anschaulich in Worte gefasst hat. Natürlich haben wir ihr ein wenig dabei geholfen.

Aber genauso könnt ihr euch euren „Umzug" von der alten auf die Neue Erde vorstellen! Es ist eine energetische Verschiebung.

Mit einem (physischen) Bein seid ihr hier, um eure Arbeit als Sternenbotschafter zu tun, um aufzuräumen und auszuputzen – und um all diejenigen „einzusammeln", die gerade erst spirituell aufzuwachen beginnen und den „Umzug" beinahe verpasst hätten.

Mit dem anderen – ätherischen – Bein seid ihr bereits längst drüben auf GAIA 2 angekommen. Beides besteht nebeneinander, aber die Seele von GAIA selbst wird in Kürze vollständig auf die Neue Erde überwechseln. Ihr könnt es euch wie eine Art „Seelen-Austausch auf planetarisch" vorstellen!

Oder wie das Auseinanderdriften von riesigen Eisschollen, das Wegtreiben eines großen, wundervollen Erdteils eurer Phantasie sind keine Grenzen gesetzt.

Nur eins ist sicher: Ihr wart die Pioniereder Freiwilligen und das „Voraus –Kommando“ unserer Bodentruppen. **Jetzt seid ihr beides: Pioniere drüben auf der Neuen Erde, hier aber seid ihr die „Nachhut“!**

Ihr „hütet“, bewahrt und unterstützt diejenigen, die jetzt erst zu sich kommen und zu verstehen beginnen, dass „Leben“ so viel mehr bedeutet als atmen und vegetieren!

Macht eure Sache gut, geliebte Sternenbotschafter der Erde! Die Abenteuer gehen weiter! Freut euch drauf!

In Liebe und Licht,
ICH BIN Ashtar,
und wir sind an eurer Seite. Es sei!

Kap. 56 Nachschlag

(Ashtar)

Geliebte Christine,
geliebte Tochter des Lichts,
Ashtar spricht.

Veränderte Umstände erfordern veränderte Maßnahmen – oder anders ausgedrückt: Es gilt die Chancen zu ergreifen, wenn sie sich bieten!

Unser Manuskript war im Grunde genommen bereits abgeschlossen, als sich die Möglichkeit bot, über weitere Erfahrungen von Christine zwei wichtige Informationen für euch anzuschließen.

Wir sind sehr dankbar hierfür, zumal es für Christine nicht gerade einfach war. Zum großen Teil hat dies mit den Herausforderungen der „dritten Welle" zu tun, die bereits seit Tagen euren Planeten flutet.

Nicht immer ist es für euch leicht, eure Befindlichkeiten den auslösenden Ursachen zuzuordnen, besonders dann, wenn es sich um ein multi-kausales Konstrukt handelt.

Bevor wir Christine bitten, euch ihre Erfahrungen dieser beiden Tage zu schildern, möchten wir euch hierzu einige grundsätzliche Informationen geben.

Ihr wisst bereits, dass eure neue Mission die eines „Sternenbotschafters" sein soll und dass **eure Hauptaufgabe** darin bestehen wird, euren Mitmenschen von der Existenz und Anwesenheit eurer kosmischen Freunde zu erzählen.

MUT, VERTRAUEN und HOFFNUNG sind die Kern-Informationen, die es gilt, aufgrund eurer eigenen Erfahrungen weiterzugeben.

Ein wichtiger Teilaspekt eurer neuen Mission soll es sein, als **„Friedens-Troubadour"** das neue Wissen von der Einheit allen Seins weiterzugeben.

„***Alles ist eins!***", „***Alles ist mit allem verbunden!***"**, heißen hier die Kern-Themen.**

„Ich wähle FRIEDEN, „ich wähle LIEBE", ist der heilsame Satz, der jede noch so konfliktträchtige Situation in eine heilsame Wandlung zu drehen vermag. Auch dies habt ihr bereits verstanden.

Heute nun kommen wir zu euch, um euch an eine wichtige **Grundvoraussetzung** für eure Arbeit als „Friedens-Troubadoure" zu erinnern**: Ihr könnt nur vermitteln, was ihr selber in euch tragt!**

Dies ist selbstverständlich. Aber auch wiederum nicht! Denn zum einen bedeutet es, selbst von friedfertigem Wesen zu sein – und wir wissen, dass dem so ist.

Zum anderen aber – und das durfte Christine heute selbst wieder mit Erstaunen erfahren – ist es durchaus möglich, dass eine bestehende Antipathie, die euch bewusst ist und auch begründet ist, noch eine alte Wurzel unerlösten Leides in sich trägt.

Wahrhaft friedfertig und „neutral"-positiv in überbewusster Liebe eingestimmt könnt ihr anderen Menschen nur dann begegnen, wenn da auch nicht der geringste Hauch einer unerlösten karmischen Geschichte mehr vorhanden ist.

Christine selbst ist sicher von friedfertiger Natur, aber auch sie durfte erst heute erkennen, dass noch ein altes Trauma geheilt werden wollte, dessen sie sich bisher nicht bewusst war.

Die hohen Energien der dritten kosmischen Welle sorgten – zusammen mit besonderen Umständen – dafür, dass ihr Körper ihr diese Signale zukommen zu lassen vermochte.

Heute hat sie erkannt:

Auch eine noch so geringe Antipathie einem anderen Menschen gegenüber fußt auf einer noch unerlösten karmischen Situation!

Ebenso wie andere physische „Unverträglichkeits-Reaktionen" auch Hinweise auf noch unerkanntes Leid sein können.

Wir haben heute „tabula rasa" gemacht bei ihr, d.h. wir haben verschiedene Gelegenheiten beim Schopfe ergriffen, auch wenn ihr Außendienst sich dadurch schwerer und scheinbar unerfreulicher gestaltet hat als erhofft.

Ihr wisst, meine Geliebten: ***„Die Dinge sind nicht, wie sie scheinen!“***

Was in diesen Tagen „*fast unerträglich*“ und „*kaum auszuhalten*“ schien, wird reiche Früchte tragen. Christines Seele wusste, warum sie zustimmte, sich diesen Herausforderungen zu stellen!

Bei dieser Gelegenheit möchten wir auch den Erdheilern unter euch noch ein wichtiges „Update“ zukommen lassen, von dem Christine auch erst vor kurzem erfuhr. Auch hier hat sie zugestimmt, sich dieser Erfahrung zu stellen. Wir danken der Kollegin, die Christine auf diese Information aufmerksam machte, an dieser Stelle ganz herzlich!

Aber nun übergeben wir das Wort noch einmal an Christine.

In Liebe und Licht,
ICH BIN Ashtar,
gekommen, euch zu dienen.

Kap. 57 Außendienst mit Hindernissen

Liebe Leserin, lieber Leser,
habe ich es nicht gesagt? Man ist vor Überraschungen nie sicher, wenn man mit unseren galaktischen Freunden zusammenarbeitet!

Ich war mir so sicher, dass Ashtars Text „*Das Ende ist kein Ende*“ (Kap. 55) das letzte Kapitel dieses Manuskripts sein würde – und dann das!

Aber Sie haben ja recht: Es gilt jede Chance zu nutzen und jede Gelegenheit beim Schopf zu packen, wenn es darum geht, unserer geliebten Erde zu Hilfe zu kommen – und auch, wenn es möglich ist, selber einen Schritt voranzukommen.

Nun aber zurück zu meinen eigenen, sehr irdischen Herausforderungen: Ein „Außendienst“ war angesagt. Alles war bereits gebucht, arrangiert und in die Wege geleitet, bis ich am Abend vor der Reise solche körperlichen Probleme bekam, dass bereits das Einschlafen schwierig war.

Ich spürte heftiges Herzrasen, mein Bauch rumorte und ich fühlte mich flatterig, schief gewickelt und enttäuscht! Es gibt solche Situationen, wo man nicht weiß, was richtig ist. Absagen und zu Hause bleiben? Oder mitfahren und riskieren, dass diese Entscheidung sich im Nachhinein als falsch herausstellt?

Während ich mich bemühte, meine sehr irdischen Herausforderungen in den Griff zu bekommen, betete ich um Klarheit. Die Antwort war deutlich: „*Wir bitten dich, mitzufahren! Es ist wichtig!*“ Das war es, was ich wissen wollte, und so mobilisierte ich alle Kräfte.

Während des Fluges meldete sich Ashtar: „*Es gibt Arbeit für dich! GAIA braucht deine Hilfe!*“ Er nannte keine weiteren Einzelheiten, und so hoffte ich, auf anderem Weg weitere Hinweise für meinen Einsatz zu erhalten. Es hatte keinen Sinn, sie zu suchen. Finden war angesagt!

Nach der Landung unseres Flugzeuges stand uns noch eine einstündige Autofahrt bevor. Neugierig betrachtete ich im Vorbeifahren die schöne Landschaft. Immer wieder fielen mir die massiven Sendemasten auf, die mit ungewöhnlich vielen Sendern überhäuft waren. Oft hatte man sogar versucht, sie in größeren Baumgruppen regelrecht zu tarnen!

An einer Wegkreuzung befand sich das Hinweisschild auf einen großen Konzern, den ich an dieser Stelle nicht vermutet hätte. Eine leise Stimme warnte davor und bat mich dringend, mich nicht weiter darauf zu konzentrieren. Ich sollte meine Aufmerksamkeit besser sofort auf ein unverfänglicheres Ziel lenken. Anscheinend wurde ich beobachtet und man hätte aus den Reaktionen meines Energiefeldes Schlüsse ziehen können.

Ich freute mich, als wir endlich unseren Bestimmungsort erreichten, und hoffte, den fehlenden Nachtschlaf wenigstens jetzt nachholen zu können. Das Hotel machte einen angenehmen Eindruck, bis auf die Gänge, die man durchqueren musste, um die Zimmer zu erreichen.

Hier hatte ein auf Wellness und energetisches Wohlbefinden spezialisierter Mitarbeiter anscheinend gewaltig übertrieben. Überall lag ein unangenehm parfümierter Geruch in der Luft. Am liebsten hätte ich mir die Nase zugehalten, so aber bemühte ich mich, den Weg zum Zimmer möglichst schnell zurückzulegen.

Meine „obere Leitstelle" hatte mir versichert, dass es energetisch in Ordnung sei. Die Duftschwaden in den Gängen des Hotels hatten sie nicht erwähnt. Verschweigen ist auch eine Art von „Mogeln", finde ich. Aber meine Guides hatten sich wohl gedacht: *„Selber denken, macht schlau!"* Oder *„Selber spüren!"*

Als wir unser Zimmer verließen, um zum Essen zu gehen, irrte ich mich in der Richtung, wo es zum Ausgang ging. Normalerweise passiert es mir nicht, dass ich die Seiten verwechsele. Im Stillen testete ich aus: Lag eine **Gehirn-Manipulation** vor? Tatsächlich!

Ich war stolz darauf, dies so schnell erkannt zu haben. Seit ich auf einer Berlin-Reise in einem Ortsteil, in dem ich mich genau auskannte, mehrfach die Straßenseiten verwechselt hatte, wusste ich, was dahintersteckte.

Damals hatten mich die verschiedenen Versuche, die da von dunkler Seite unternommen worden waren, mein Gehirn zu manipulieren, zunächst erschreckt. Aber ich hatte viel dabei gelernt und auch herausgefunden, wie schnell die Hilfe der Heiler-Ärzte ARKTURUS wirkt, wenn man darum bittet.

Unauffällig bat ich Erzengel Michael, die Manipulation zu stoppen und die manipulative Wirkung auf mein Gehirn wieder zurückzunehmen. Ich überlegte, wo dieser energetische Übergriff stattgefunden haben könnte, und erinnerte mich daran, dass mir die dunkle und sehr ungewöhnliche Dekoration der Hotel Lobby unangenehm gewesen war. Ich hatte sogar einen Umweg gemacht, um einen schwarzen Teppich zu vermeiden.

Vom Restaurant wieder zurück im Zimmer, überprüfte ich mein Energiefeld vorsichtshalber erneut: wieder eine Manipulation! Mein Test ergab, dass die mir nicht besonders angenehme Musik in dem Restaurant ebenfalls besendende Wirkung gehabt hatte. Also sprach ich erneut:

„Im Namen
meiner Göttlich-Geistigen ICH BIN Gegenwart
und meiner Kristallinen Kernmacht

verfüge ich hiermit, dass die Wirkung
dieser bei mir in störender, schädigender Absicht
ausgelösten Gehirn-Manipulation
auf meinen physischen Körper und mein Energiefeld

jetzt kraft Göttlicher Gnade sofort und für alle Zeit
gestoppt, aufgedeckt und beendet sein möge,
dass sie zurückgenommen, zurückgesetzt
und neutralisiert sein möge,
und der reine Urzustand der unschuldigen Wahrnehmung
jetzt sofort und für alle Zeit wiederhergestellt sein möge!

Dies soll gelten für alle meine Inkarnationen, alle Zeiten,
alle Räume, alle Universen und alle Parallel-Universen!
Es sei!“

Es war wirklich ärgerlich! Aber jetzt war ich gewarnt und würde umso mehr aufpassen, was hier gespielt wurde. Gleichzeitig bat ich Ashtar und Erzengel Michael darum, die manipulativen Sender und Störelemente innerhalb des Hotels außer Kraft zu setzen.

Mein Bauch, der bisher ruhig geblieben war, meldete sich wieder. Mit Mühe hielt ich die für den Abend vorgesehene Verabredung ein. Ein schwieriger Tag war zu Ende gegangen. Ich konnte nur hoffen, dass der nächste Tag besser wurde!

Kap. 58 Der Kreis schließt sich

(Christine)

Anscheinend hatte es sich meine „obere Leitstelle" anders überlegt! Denn bereits nach dem Frühstück rumorte mein Bauch wieder mehr, als mir lieb war. Erneut stand ich vor der Frage: *„Am vorgesehenen Programm teilnehmen oder im Zimmer bleiben, hinlegen und Ruhe halten?"* Mein Körper ließ mir keine Wahl. Hinlegen, Austesten und Schlafen war angesagt.

Vorsichtshalber testete ich noch einmal die Energien aus. Der Test ergab, dass erneut eine Gehirnmanipulation in Gang gesetzt worden war! Wieder war eine mir unangenehme Musik, diesmal im Frühstücksraum, der Auslöser. Doch es schien mehr dahinter zu stecken!

Die Meisterkarten deuteten auf verschiedene energetische Herausforderungen, u.a. auch auf karmischer Ebene hin. Ich bat um klare göttliche Führung und erinnerte mich an das Hinweisschild auf den Konzern! Ging die manipulative Wirkung etwa von ihm aus?

In besonderen Fällen ist es möglich, einen kompletten Cyber-Raum zu erstellen, der dann mit ausgewählter manipulativer Software beschallt wird. Man kann sich solch einen Cyber-Raum wie ein riesiges überdachtes Fußballstadion vorstellen.

Auf diese Weise kann eine flächendeckende Gehirnmanipulation für alle dort befindlichen Lebewesen in Gang gesetzt werden. Von der Möglichkeit solcher **Cyber-Manipulationen** hatte ich erst vor kurzem erfahren.

Cyber, d.h. eine virtuelle „Parallelwelt", kann für einzelne Personen z.B. mit Hilfe einer Art von unsichtbarem Astronautenhelm aufgebaut werden oder indem sie dem Betreffenden wie ein herumgedrehtes Goldfischglas aufgesetzt wird!

So ist es möglich, Gedanken, Emotionen und innere Phantasiebilder beängstigender Thematik auf das Energiefeld und das Gehirn der betreffenden Person zu übertragen.

Hier aber war anscheinend eine Cyber-Manipulation im ganz großen Stil am Wirken, ausgelöst durch den betreffenden Konzern! Das war es, was ich hatte herausfinden sollen! Ich fragte Ashtar, wie ich mich verhalten sollte und ob ich hier auch alleine die Bitte um „**Göttliche Regulierung**" aussprechen dürfe? Die Antwort war „Ja!".

Zu kostbar war der Zeitpunkt, an dem ich direkt vor Ort mit der betreffenden Situation in Kontakt war. (Normalerweise ist dies eine Situation, die nur zu zweit angegangen werden darf – wenn überhaupt!)

Ich bat zunächst um allerhöchsten Göttlichen Schutz und rief dann GOTT und GÖTTIN zu Zeugen an, indem ich mein Recht als auf der Erde inkarniertes Sternenwesen in Anspruch nahm:

„Im Namen
meiner Göttlich-Geistigen ICH BIN Gegenwart
und meiner Kristallinen Kernmacht
nehme ich hiermit mein Recht
als auf der Erde inkarniertes Sternenwesen in Anspruch
und bitte GOTT und GÖTTIN
um sofortige Göttliche Regulierung
und Göttliche Intervention,

sodass die GÖTTLICHE ORDNUNG hier und jetzt
sofort und in vollem Umfang wiederhergestellt wird

und die manipulative Wirkung des Unrechts,
das hier den Lebewesen der Erde angetan wurde,
jetzt sofort und in vollem Umfang
jetzt und für alle Zeit

gestoppt, aufgedeckt und beendet sein möge,
dass sie zurückgenommen, zurückgesetzt und neutralisiert werde
und der reine Urzustand der unschuldigen Wahrnehmung
für alle Lebewesen wiederhergestellt werden möge,
die bereit sind, dies anzunehmen!“

Ich war wütend und entsetzt über das, was der Erde hier angetan worden war, und mir war bewusst, dass das Auflösen des Cyber-Feldes und seiner manipulativen Wirkung in diesem Fall nicht ausreichte.

Es galt, die Galaktische Föderation des Lichts und die befreundeten Sternennationen zu Zeugen anzurufen für das Unrecht, das hier geschehen war. Um all dem auch in Zukunft einen Riegel vorzuschieben, mussten die Verursacher auf allen Ebenen zur Rechenschaft gezogen werden! Genau darum bat ich GOTT und GÖTTIN jetzt.

Wenn Unrecht in solcher Größenordnung aufgedeckt wird, ist es dringend notwendig, Zeugen zu haben. Ebenso notwendig ist es, die Verursacher zur Rechenschaft ziehen zu lassen. Dies alles ist natürlich nicht unsere Aufgabe.

Es ist aber sehr wohl unsere Pflicht, unser Recht als auf der Erde inkarnierte Sternenwesen in Anspruch zu nehmen und durch unseren Hilferuf an Ashtar den Einsatz der Galaktischen Föderation des Lichts zu legitimieren!

In diesem Fall müssen wir stellvertretend die Rolle des „Anklägers" übernehmen. In ganz besonderem Maße geht es darum, die hochrangigen energetischen Hintermänner durch GOTT und GÖTTIN zur Verantwortung ziehen zu lassen.

Ob und in welcher Form das dann geschieht, ist dann nicht mehr unsere Sache! Aber ohne unseren dringenden Hilferuf und ohne unsere Bitte, die Verantwortlichen zur Rechenschaft zu ziehen, bliebe alles beim Alten.

Am besten ist es, in unklaren Fällen die gesamte Situation GOTT und GÖTTIN und der Galaktischen Föderation des Lichts zu übergeben!

Es war Zeit für eine Pause. Auch war ich sehr müde geworden. Ich war froh, mein geplantes Vormittagsprogramm abgesagt zu haben. Bevor ich einschlief, scannte ich noch einmal den Raum. Eine Fremdenergie war anwesend!

Aber keine meiner üblichen Testfragen schien zu passen. Es schien etwas Anderes zu sein: Die Seele der Stadt, die bisher unter der manipulativen Wirkung des Cyber-Feldes gestanden hatte, war gekommen, mir ihren Dank auszusprechen! So etwas hatte ich noch nie erlebt! Die Tränen in meinen Augen zeugten von der großen Liebe, mit der diese Dankbarkeit ausgedrückt worden war.

Während ich schlief, hatte ich **einen seltsamen Traum:**
Ich saß vor einem großen Computer-Bildschirm, links neben mir eine weitere Frau vor einem weiteren Bildschirm.

Plötzlich war mein gesamter Bildschirm voller bunter Figuren, Tiere, Menschen und Häuschen! Bereits im Traum war mir bewusst, dass diese Bildchen, die wie für Kindergartenkinder gemacht zu sein schienen, nicht von mir stammten.

Im Traum fragte ich die Person neben mir, wie ich meinen Desktop wieder frei bekommen könne, und sie erklärte es mir.

Soweit mein Traum. Nach den Erfahrungen des vergangenen Tages traute ich dem Hotel nicht mehr über den Weg. Hatte, während ich schlief, eine erneute Gehirnmanipulation stattgefunden? Tatsächlich!

Die bunten Bildchen, die im Traum meinen Bildschirm bedeckt hatten, gaben Anlass zu der nächsten Frage: *„Lag diesmal eine* ***Manipulation per Cyber-Helm*** *vor?"* Unglaublich, aber wahr! Sofort rief ich Erzengel Michael und Ashtar zu Hilfe.

Normalerweise muss bei einer erkannten Manipulation zuerst die manipulative Wirkung gestoppt und dann erst das manipulative Instrument unschädlich gemacht und entfernt werden. Bei Cyber-Manipulationen scheint es umgekehrt zu sein!

Ich bat Erzengel Michael, den Cyber-Helm sofort zu entfernen. Danach verfügte ich die Zurücksetzung der manipulativen Wirkung.

Beide Male hatte ich die Hinweise auf die auslösenden Cyber-Manipulationen über assoziative Bilder bekommen.

Nachdem die manipulative Wirkung von Seiten des Konzerns durch die Geistige Welt bereits aufgehoben worden war, hier aber wieder eine Manipulation erfolgt war, fragte ich nach, ob eventuell das gesamte Hotelgelände zusätzlich unter manipulativer Wirkung lag. Tatsächlich!

Ich bat darum, diese Manipulation zu stoppen und ein für alle Mal zu unterbinden, in Übereinstimmung mit SPIRIT und zum höchsten Wohle von AllemWasIst.

Meine gute Laune hielt sich sehr in Grenzen – und eigentlich fühlte ich mich vollkommen überfordert und allein – zumal mein gesamter Bauchraum jetzt wieder zu rumoren begann und sich sehr gereizt anfühlte.

Hatte ich ein Symptom übernommen? Immer wieder zeigten sich beim Ziehen der Meisterkarten von Jeanne Ruland die Karten „Karmischer Rat“ und „Tia und Ai“. Letztere sind für mich immer ein besonderer Hinweis auf energetische manipulative Situationen.

Manchmal bedeutet das Ziehen der Karte, dass diese Situation sich bereits manifestiert hat, manchmal wird sie dadurch aber auch erst angekündigt. Was war hier los?

„*Erinnerte sich mein Bauch an eine alte karmische Situation mit Vergiftung und Todesfolge?*“ Nein, ich fand es wirklich nicht mehr lustig! Das Austesten ergab, dass die Seele eines Mannes anwesend war. Er war anscheinend schon sehr lange „auf der anderen Seite“, aber noch nicht im Licht.

Immer wieder gingen meine Gedanken zu einem entfernten Bekannten, von dem ich mich bereits vor sehr langer Zeit innerlich distanziert hatte, weil er sich Freunden gegenüber unverantwortlich verhalten hatte.

Ich gebe jedem eine zweite Chance, doch war ich von seinem Verhalten so ent-täuscht gewesen, dass ich keine weiteren Versuche unternommen hatte, die Hintergründe zu verstehen.

Während ich mir alle Mühe gab, meinen rebellierenden Bauch zu beruhigen, sortierten sich **die Puzzleteilchen** wie von selbst:

- Ich erinnerte mich, dass ich diesen Mann eigentlich im Grunde meines Herzens gern mochte und dass meine Unversöhnlichkeit nicht zu mir zu passen schien.

- Gleichzeitig wurden mir innere Bilder gezeigt, die bestätigten, dass es einen karmischen Hintergrund aus einem früheren Leben gab. Und wie zur Bestätigung sah ich immer wieder, wie der Mann, dessen Seele jetzt in meinem Zimmer Hilfe und Verständnis suchte, mir damals die Teetasse mit dem vergifteten Getränk gereicht hatte! Dies war der eigentliche Grund für meine Vorbehalte und meine scheinbar so berechtigten Vorwürfe gewesen, auch wenn es mir nicht bewusst gewesen war.

  Ich erkannte, dass es damals eine alte, sehr liebevolle Verbindung gegeben hatte.

- ***„Ich wähle FRIEDEN! Ich wähle LIEBE!“*** kam mir in den Sinn. Und es war mir ernst damit! Wer weiß, wie damals die weiteren Umstände gewesen waren? Ich jedenfalls wollte diese alte Situation geheilt wissen.

- So bat ich die jenseitigen Ärzte vom Rat der jenseitigen Ärzte, das alte Trauma der Vergiftung zu entkoppeln und den Heilstrahl einzusetzen. Für die Reinigung des Zellgedächtnisses sprach ich das Gebet an die Elohim des Silbernen Strahls der Gnade, Grace.

- Danach bat ich darum, die Seele des Mannes ins Licht zu führen, ebenso wie die Seele der Frau, die ich damals gewesen war. Die Elohim der Gnade wirkten für alle Beteiligten.

- Für mich selbst bat ich zusätzlich darum, alle meine Seelenanteile und Körperseelen zurück zu holen, für alle Organe, die damals durch die Vergiftung beeinträchtigt worden waren. Mein Bauch entspannte sich zusehends!

Aber damit waren meine „Übungen" für diesen Tag noch nicht beendet. Wieder und wieder zeigten mir die Meisterkarten, dass weitere **karmische „Altlasten"** zu bereinigen waren. Aber welche?

Die höchst unangenehme Parfümierung in den Gängen des Hotels fiel mir wieder ein.

Gab es bei mir auch hier eine Resonanz? „*Vergasung?*", kam mir in den Sinn.„*Wo in einem früheren Leben waren mir giftige Dämpfe zum Verhängnis geworden?*" Eine Situation im antiken Griechenland wurde mir gezeigt, und auch hier durfte Heilung geschehen!

Die ständig wiederkehrende Meisterkarte „Immaculata" mit der Bedeutung „Reinheit des Göttlichen Plans / Wunder" und die Karte „Laotse" für „Schreiben" zeigten deutlich an, dass alles so war, wie es sein sollte, und dass auch diese Erlebnisse für das vorliegende Buch genutzt werden sollten.

Mit „Updates" zur Erdheilung hatte Ashtar das Manuskript begonnen, mit einem weiteren sehr wichtigen „Update" zur Erdheilung, den Informationen zu Cyber – Manipulationen, soll es nun beendet werden. Der Kreis schließt sich.

Kap. 59 Der Wahrheit die Ehre…

(Ashtar)

Geliebte Christine,
geliebte Tochter des Lichts,
Ashtar spricht.

Du warst dir so sicher gewesen, dass das Manuskript bereits abgeschlossen war! Aber wie du weißt, lieben wir Überraschungen – und noch mehr lieben wir deine authentischen Berichte.

Auch heute Morgen haben wir dich noch einmal durch eine repräsentative Situation geführt, wie sie für „Sternenbotschafter“ und „Friedens – Troubadoure“ selbstverständlich sein sollte.

Wir wissen, es ist nicht leicht, „sich querzustellen“ und den Frieden auf der persönlichen Ebene aufs Spiel zu setzen, wenn die Innere Stimme zum Handeln drängt! FRIEDEN, ja! Aber nicht um jeden Preis!

Und so möchten wir euch, geliebte Kinder des Lichts, ermuntern und ermutigen, durchaus auch konfliktbereit zu sein, wenn es gilt, der Wahrheit die Ehre zu geben!

Es geht nicht an, wichtige Wahrheiten und Informationen ungesagt zu lassen „um des lieben Friedens willen“, wenn ihr wisst, dass diese Informationen wesentlich sind für das Wohlergehen eurer Mitmenschen.

Ihr alle habt euren inneren „Sensor“, der euch sehr deutlich klarmacht, wo es gilt, Prioritäten zu setzen.

Wir möchten euch versichern, dass es niemals zu eurem Nachteil sein wird, wenn ihr eurer Inneren Stimme folgt und der Wahrheit die Ehre gebt!

Wir danken dir, geliebte Christine, für deinen Mut und deine Treue, mit der du hier in vollkommener Selbstverständlichkeit deine „Performance“ geliefert hast und Vorbild warst für alle Beteiligten!

Du weißt selbst, wie du trotz allem den FRIEDEN gewahrt hast, obwohl du dich anders entschieden hast, als von deinen Begleitern gewünscht.

Ihr alle erwerbt euch höchste Achtung, wenn ihr eurer Inneren Wahrheit folgt. Nur Gutes wird daraus entstehen! Die Absicht ist entscheidend. Sie ist alles-entscheidend.

Und nun bitten wir dich, an dieser Stelle dein heutiges Erlebnis als Abschluss unseres neuen gemeinsamen Buches anzufügen. Damit soll es dann für diesmal genug sein.

In Liebe und Licht,
ICH BIN Ashtar
und an eurer Seite, wann immer ihr mich braucht!

Kap. 60 Nicht um jeden Preis

(Christine)

Liebe Leserin, lieber Leser,
Sie haben es bereits gelesen: noch ein Erlebnisbericht! Ich weiß ja selbst, dass man an den Beispielen von anderen am besten abgucken kann – und so folge ich auch hier Ashtars Bitte und erzähle Ihnen, welche Herausforderung ich auch heute noch einmal zu bestehen hatte. Denn noch war mein „Außendienst“ nicht beendet!

Wieder einmal war es die Seth- Karte, die mich heute Morgen darauf vorbereitet hat, dass da noch weitere Herausforderungen auf mich warten. Sie war in Kombination mit der Ashtar-Karte aufgetaucht, gleich gefolgt von „Immaculata“ („Reinheit des Göttlichen Plans“ und „Wunder“).

Während die Seth-Karte immer eine leichte Beunruhigung bei mir auslöst, versöhnt mich die „Immaculata“-Karte jedesmal wieder. So, als wollte sie sagen: *„Ist doch alles in Ordnung, Mädchen! Mach dir keine Sorgen – alles folgt dem göttlichen Plan! Die Schwierigkeiten, die auf dich zukommen, haben einen tiefen Sinn! Du wirst schon sehen!“*

Besonders freue ich mich immer über die Meisterkarte „Laotse“. Bereits das Bild des schreibenden Laotse kündigt mir jedesmal an, dass es um einen neuen Text geht – entweder für meinen Blog oder für das neue Manuskript.

Und wenn dann noch die Ashtar-Karte auftaucht, kann ich entweder eine Botschaft oder zumindest einen Gruß von ihm erwarten. Aber nun zur Sache!

Mein Außendienst hatte sich als nicht ganz so unkompliziert und erfreulich herausgestellt, wie ich es mir erhofft hatte. Ich war es müde, ständig körperliche Beeinträchtigungen hinnehmen zu müssen, obwohl ich an den Testergebnissen einer fleißigen Praxis erkannt hatte, dass meine körperlichen Anpassungsreaktionen im Verhältnis zu der sich immer höher auftürmenden Welle kosmischer Energien noch sehr moderat waren.

Aber die Widerstände und Herausforderungen dauerten bereits seit sechs Wochen an und meine Frustrationstoleranz war inzwischen mehr als erschöpft. Inzwischen hatte ich auch verstanden, dass der seit Mitte April rückläufige Mars nicht unerheblich an diesen Herausforderungen beteiligt war.

In Kürze würde der sonst sehr unterstützende Planet endlich wieder nach vorn drehen – aber anscheinend nutzte meine „Obere Leitstelle“ noch die letzten Tage für weitere Erfahrungen.

Jedenfalls hatte das sonst so schön gestaltete Hotel mit seinen Wohlfühlmaßnahmenübertrieben und alle Gänge des gesamten Gebäudes mit reinigenden Düften eingesprüht.

Bereits auf meinem ersten Weg zu meinem Zimmer war mir der sehr intensive chemische Geruch unangenehm aufgefallen. Ich war ständig bemüht, ihn zu vermeiden und mich so wenig wie möglich dieser Beeinträchtigung meiner Gesundheit auszusetzen.

Am Abend des zweiten Tages erklärte ich meiner Begleitung, dass ich am liebsten bereits einen Tag früher nach Hause zurückfliegen würde. Erst in dem Augenblick, als ich es aussprach, erkannte ich, wie abstoßend diese Geruchsbelästigung für mich war.

Zu meiner großen Erleichterung wurde der Rückflug sofort umgebucht – es blieb nur abzuwarten, ob wir auch die weitere, nun nicht mehr benötigte Übernachtung würden bezahlen müssen.

Am nächsten Tag erwähnte ich beim Frühstück, dass ich vor der Abreise gerne noch den Manager des Hotels sprechen würde. Ich hatte nicht die Absicht, ein großes Drama aus der Situation zu machen, aber wissen sollten sie schon, wie diese Gerüche auf mich wirkten. Zumal ich mir sicher war, dass sie im hohen Maße gesundheitsschädlich waren.

Meine Begleitung war „not amused“ und verbat sich jegliche Kritik und auch mein beabsichtigtes Gespräch mit dem Manager in aller Deutlichkeit. So ganz erfreut war meine Bitte um eine vorgezogene Abreise nun doch nicht aufgenommen worden.

Diesmal rebellierte mein Bauchgefühl aus anderen Gründen. Gerade meine Intuition hatte mir ja geraten, meine Beobachtung weiterzugeben und ich war mir sicher, dass der Hinweis auch für die übrigen Hotelgäste hilfreich sein würde.

Aber Ärger riskieren? Wo alles sowieso schon schwierig genug gewesen war? Bei dem letzten Weg durch den parfümierten Gang hielt ich mir vorsichtshalber ein mit Aura Soma Essenz getränktes Taschentuch vor die Nase.

Ich wusste nicht, wie ich mich verhalten sollte. Mir war aber klar, dass diese Information für das Hotel wichtig war. Wie wichtig, konnte ich zu diesem Zeitpunkt noch nicht ahnen.

So bat ich in Gedanken meine „Obere Leitstelle"um deutliche Führung: *„Bitte gebt mir die richtigen Worte zur richtigen Zeit – und haltet mir rechtzeitig den Mund zu, bevor ich etwas Falsches sage!"*. Zusätzlich rief ich die Fügungsengel herbei, um für diese Situation die bestmöglichen Fügungen zu kreieren.

„Ich wähle FRIEDEN! Ich wähle LIEBE!" waren die Worte, die mir wieder in den Sinn kamen. Beim Auschecken an der Rezeption zeigte sich, dass wir den vollen Preis auch für die nicht in Anspruch genommene Übernachtung würden zahlen müssen, obwohl mein Begleiter die frühere Abreise bereits am Tag zuvor angekündigt hatte.

„Mein Gutes ist nicht verloren…", bekräftigte ich in Gedanken. Ich wusste, dass es nicht gerecht war, diesen zusätzlichen Betrag zahlen zu müssen. Aber der Mitarbeiter des Hotels sah das anders.

Mein Begleiter wollte die Rechnung bereits akzeptieren, als ich mich plötzlich reden hörte. Ohne mich um seinen deutlichen Protest zu kümmern, erklärte ich dem verdutzten Angestellten sehr freundlich, dass ich diese Lösung nicht für gerecht hielt.

„Es gibt einen wichtigen Grund, warum wir früher abreisen, obwohl wir gerne noch geblieben wären", fuhr ich auf Englisch fort, und das war die Wahrheit.

Der Zufall wollte es, dass es sich bei dem jungen Mann, der sich bisher neben der Rezeption mit einem anderen Gast unterhalten hatte, um den Manager des Hotels handelte. Er schaltete sich jetzt sehr freundlich in unser Gespräch ein und bat mich, die Situation genauer zu erklären.

Auch wenn die finanzielle Ungerechtigkeit der Anlass für unser Zusammentreffen gewesen war – viel wichtiger war mir, ihn auf die ganz offensichtlich gesundheitsschädliche Wirkung der chemischen Duftstoffe in den Gängen hinzuweisen.

Er schien meine Argumente sehr gut zu verstehen und bedankte sich mehrfach für die – wie er sagte – wichtige Information. Wir schienen sogar so sehr einer Meinung zu sein, dass er von sich aus versprach, hier Abhilfe zu schaffen. Sehr schnell war auch klar, dass wir die dritte Übernachtung nicht würden bezahlen müssen.

Ich freute mich so sehr, wie meine „Obere Leitstelle“ die Situation zum höchsten Wohle aller gelöst hatte! *„Ich wähle FRIEDEN! Ich wähle LIEBE!“* ist der Schlüssel, der Wunder wirkt.

Wie wichtig meine Intervention gewesen war, konnte ich zu dem Zeitpunkt noch gar nicht ahnen. Erst zu Hause wurde mir die Erklärung präsentiert, warum ich so sehr auf eine Veränderung dieser benebelnden Gerüche gedrängt hatte.

Kap. 61 Seinem Herzen folgen…

(Christine)

Am nächsten Tag las ich in der Zeitung von einem Brand, der sich wenige Tage zuvor im Frankfurter Raum ereignet hatte. Bei der Brandursache hatten Aerosole, also gesprühte Duftstoffe, eine Rolle gespielt.

Eine Frau hatte das Raumspray in einem geschlossenen Raum verwendet, der über keinerlei Belüftungsmöglichkeiten verfügte. Der Funke eines elektrischen Gerätes hatte genügt, das hochexplosive Gemisch aus Raumspray und Sauerstoff zu entzünden!

Ich erinnerte mich wieder an den langen, fensterlosen Gang des Hotels, an dessen schönen Holz-vertäfelten Seitenwänden in kurzen Abständen Strahler angebracht waren, unter denen sich offensichtlich die Duftspender befanden.

Auch hier war die Luft voller Aerosole gewesen, es gab keine Frischluftzufuhr und die erhitzten Strahler befanden sich in nächster Nähe.

Wie auch immer – es ist wichtig, unserer Intuition zu folgen und uns nicht abschrecken zu lassen, wenn wir das Gefühl haben, dass eine Information ausgesprochen werden will.

Unser Auftrag ist es, GAIA und ihre Kinder zu schützen. „Friedfertigkeit um jeden Preis“ ist nicht das, was Ashtar und unsere Sternengeschwister von uns erwarten, wenn sie uns bitten, als „Friedens –Troubadoure“ wirksam zu sein.

Für uns als „Sternenbotschafter“ ist Zivilcourage eine Selbstverständlichkeit! In Kombination mit MITGEFÜHL, LICHT und LIEBE ist sie die Voraussetzung – aber auch die Garantie – dafür, dass wir erfolgreich sind in unserem neuen Amt.

7. TEIL
HINTER DEN KULISSEN

Kap. 62 Die Bewährungsprobe

(Christine)

Liebe Leserin, lieber Leser,
manchmal lieben es unsere kosmischen Freunde, uns neue Informationen selber herausfinden zu lassen. Es handelt sich hierbei angeblich um eine sehr moderne Form des Unterrichtens, aber ich konnte sie schon in meiner eigenen Schulzeit nicht leiden.

Was ich noch viel weniger mag, ist, wenn ich ausgebremst werde und meine Pläne immer wieder gegen die Wand zu laufen scheinen. Aber genau das geschah nach meiner Rückkehr von diesem „Außendienst", der sich als so schwierig und herausfordernd erwiesen hatte. Sie wissen ja selbst, welche Lektionen sich in diesen wenigen Tagen gehäuft hatten.

Und doch waren die Herausforderungen anscheinend noch nicht beendet – nur hatte ich das bisher noch nicht bemerkt! Ich hatte inzwischen alles getan, um mein Manuskript fertigzustellen, meine Notizen fleißig in den Laptop zu übertragen und alles noch einmal gründlich durchzugehen.

Alles fügte sich so, wie es sein sollte, bis ich die Kapitel erreichte, in denen ich Ihnen die Erkenntnisse dieses Außendienstes beschreiben wollte. Von Anfang an war es ungewöhnlich schwierig gewesen, die Erlebnisse dieser Tage in eine geordnete Reihenfolge zu bringen! Dabei handelte es sich um noch nicht einmal drei ganze Tage, und ich hatte damals alles sofort ganz frisch in meinem Tagebuch notiert!

Es fällt mir normalerweise wirklich nicht schwer, von meinen inneren und äußeren Erfahrungen zu berichten – aber jedes Mal, wenn ich begann, von diesem „Außendienst“ zu erzählen, schienen sich die betreffenden Tage zu sträuben. So, als ob es ihnen peinlich war, im Mittelpunkt des Interesses zu stehen.

Da gab es die Notizen in meinem Tagebuch, ich erinnerte mich an die Details, und trotzdem! Es war, als ob sich in meiner Erinnerung Hürden bildeten, die das Gesamtbild immer wieder verzerrten. Wie in einem Labyrinth verhedderte ich mich immer von Neuem beim Erzählen der Einzelheiten. So, als ob alle meine Worte immer wieder in einem Schredder landeten. Und ich wollte doch so gerne fertig werden!

Inzwischen habe ich auch diese Bewährungsprobe bestanden, wie Sie bemerkt haben. Die widerspenstigen Texte der Kapitel 57 bis 61 haben sich inzwischen zähmen lassen und sicher haben Sie beim Lesen nicht einmal bemerkt, wie viele frustrierende Anläufe dafür notwendig gewesen waren.

Immer noch weiß ich nicht so genau, was Ashtar sich eigentlich dabei gedacht hat! Denn er hat seelenruhig zugesehen, wie ich hier am Strampeln war. Es war wohl ein besonderer „Härte –Test“, den es zu bestehen galt: ein Super-Training in Frustrationstoleranz, Durchhaltevermögen und Beharrlichkeit – und eine ganz gewaltige Geduldsprobe!

So kurz vor dem „Ziel“, vor der Beendigung meines Manuskripts, hatte ich das Gefühl, in ein Loch gefallen zu sein. In eine Art virtuellen „Papierkorb“ all meiner Fähigkeiten und meines Selbstwertgefühls. Die Einzelheiten erspare ich Ihnen besser!

Was ich Ihnen nicht ersparen kann und darf, ist die Ursache für meine so ungewohnten Erinnerungsprobleme, die ich inzwischen herausgefunden habe. Denn bei dieser „partiellen Amnesie“, wie der Fachausdruck in Heilpraktiker-Deutsch heißt, ging es absolut nicht mit rechten Dingen zu. Aber auch das merkte ich nicht gleich!

Kap 63: Alles zu seiner Zeit

(Christine)

Fragen Sie mich bloß nicht, warum ich nicht eher darauf gekommen bin – aber anscheinend war die Zeit einfach noch nicht reif! Ich weiß ja: *„GOTT kommt mit meinem Guten immer zur rechten Zeit.“* Nur hatte ich in diesem Fall keine Ahnung, dass noch etwas „Gutes“ fehlte – etwas sehr Gutes sogar!

Schließlich bat ich Ashtar um Hilfe. Sofort war die Antwort da: *„Aufhören, lockerlassen und erst am nächsten Tag weiterarbeiten!“* Ich sollte zunächst den Zeitdruck herausnehmen und mich entspannen. Nun, wenn mein „Chef“ und Auftraggeber dies so locker sah, konnte ich es auch.

Kurz vor dem Einschlafen nahm ich mir noch einmal meinen kleinen Taschenkalender vor und versuchte, die Erlebnisse der betreffenden Tage in eine logische Reihenfolge zu bringen. Und siehe da: Es gelang!

Meine früheren Tagebuch-Aufzeichnungen hatte ich diesmal wohlweislich nicht hinzugezogen. Irgendetwas stimmte nicht mit ihnen, und ich verstand, dass ich diese Texte wohl noch einmal ganz neu formulieren musste.

Zum Schluss bat ich Ashtar, Erzengel Gabriel und Kuthumi, mir in der kommenden Nacht die notwendigen Hinweise zukommen zu lassen, und zwar so, dass ich sie auch verstehen konnte. Dann schlief ich ein.

Mehrere Traumsequenzen scheinen mir die Antwort bereits auf symbolische Weise gegeben zu haben. Aber meine „Obere Leitstelle“ wollte ganz sichergehen und veranlasste eine liebe Kollegin, heute früh in ihre Webseite zwei lustige Bilder einzustellen. Bestimmt wusste sie selbst nicht einmal so genau, warum. Aber meine Seele verstand.

Plötzlich erkannte ich, dass die seltsamen, immer wiederkehrenden Schwierigkeiten, von diesem „Außendienst“ zu berichten, kein Zufall waren. Auch meine scheinbare Unfähigkeit, mich an den genauen Ablauf dieser wenigen Tage zu erinnern, war nicht meine „Schuld“!

Da war sie plötzlich, die Lösung des Rätsels und der gesamten Situation! Doch sie zeigte sich erst, als die Zeit reif war und ich in meiner Verzweiflung Ashtar und meine „Obere Leitstelle“ um deutliche Hilfe bat.

Ich glaube, Sie können meine Erleichterung deutlich spüren! Diese letzten Kapitel, die hier noch fehlten, durften einfach nicht eher geschrieben werden, weil ich eine wichtige Erkenntnis noch nicht verstanden hatte. Und genau sie scheint für Sie alle besonders wichtig zu sein!

Kap. 64 Des Rätsels Lösung

(Christine)

Sie erinnern sich, um was es bei meinem „Außendienst“ gegangen war: Aufgrund meiner eigenen Symptome war ich einem Cyber-Feld auf die Spur gekommen, das als großflächige Manipulation über eine ganze Stadt gelegt worden war.

Der betreffende Konzern hatte alles darangesetzt, seine wahren Interessen zu verschleiern und zu verbergen. Was wirklich in seinen Gebäuden geschah, durfte niemand wissen. Das entsprechende Cyber-Feld verdeckte die Wahrheit und benebelte alle, die damit in Berührung kamen.

Soweit war mir dies alles bewusst gewesen und ich hatte kraft göttlicher Gnade zunächst um die Entfernung des betreffenden Cyber-Feldes und dann um die Auflösung der entstandenen Wirkung gebeten. Aber man kann nur um das bitten, was man erkannt hat. Und ich hatte damals nicht alles erkannt.

Erst gestern war mir klargeworden, dass noch eine weitere manipulative Wirkung ausgelöst worden war. Sie war der Grund dafür, dass ich mich beim besten Willen nicht genau an die Einzelheiten dieser wenigen Tage erinnern konnte.

Auf manipulative Weise war eine „Partielle Amnesie" ausgelöst worden, die bis zum gestrigen Tag angehalten hatte. Es konnte nicht nur an dem Cyber-Feld gelegen haben, denn dies war durch göttliche Hilfe vollständig aufgelöst worden. Sicher erinnern Sie sich daran, dass sogar die Seele der Stadt gekommen war, um sich bei mir zu bedanken.

Gestern endlich erkannte ich, dass da noch etwas Anderes wirksam war. Mein Traum der vergangenen Nacht und das Bild auf einer Webseite hatten mir die symbolischen Hinweise geliefert. Ich verstand, dass zusätzlich zu der Wirkung des Cyber-Feldes auch noch Implantate gesetzt worden waren.

Immer wieder wurden mir mit inneren Bildern Samenkörner gezeigt. Sie sahen aus wie die Körner von Rattengift. Mir wurde gezeigt, wie aus ihnen „Keimlinge" entstanden, mit denen es möglich war, dauerhaft das gesamte Erinnerungsvermögen der Personen zu beeinträchtigen, die in die Nähe des betreffenden Konzerns gekommen waren.

Plötzlich war alles stimmig: Das Cyber-Feld hatte die Aufgabe, die wahren Absichten und Ziele des Konzerns zu verschleiern und zu verdrehen. Wie ein Sprühnebel legten sich die verschleiernden Besendungen auf alle Menschen, die den Konzern dort wahrnahmen, sodass sie keine unangenehmen Fragen stellten oder sogar Nachforschungen anstellten.

Aber auch die Menschen, die dort arbeiteten oder auch nur in die Nähe dieser riesigen Fabrikanlage kamen, mussten verwirrt werden. Sie wurden zwar gebraucht, um die Arbeiten auszuführen – aber sie durften nicht verstehen, was sie wirklich taten – und sie durften sich auch später nicht darüber klarwerden. Und vor allem durften sie sich nicht an Einzelheiten dessen erinnern, was sie dort getan hatten.

Das Cyber-Feld selbst hatte durch Besendung gewirkt: Es produzierte eine Art von energetischem „Sprühnebel", der zum Ziel hatte, die wahren Interessen des Konzerns zu verschleiern. Aber zusätzlich waren Implantat-Körnchen herunter gerieselt, die sich festgesetzt hatten und das Erinnerungsvermögen für alles blockierten, was dieses spezielle Gebiet betraf.

Diese Programmierung hatte bei mir bis zum gestrigen Tag gewirkt, weil das entsprechende Implantat noch vorhanden war. Als ich die Ursache erkannt hatte, war es möglich, die „Keimlinge" dieses Implantats sehr schnell zu entfernen. Es genügte, die kosmischen Heiler-Ärzte von ARKTURUS und Erzengel Michael darum zu bitten.

Das war es, was es noch zu erkennen galt und was „hinter den Kulissen" immer noch wirksam gewesen war! So oft hatte ich seitdem ausgetestet und abgefragt, ob bei mir störende oder schädigende Implantate gesetzt worden waren, aber immer war das Testergebnis negativ gewesen.

Meine „obere Leitstelle" nimmt es schon sehr genau mit den Fragen, auf die ich eine Antwort erbitte! Und ich hatte bisher ganz gewiss nicht gefragt, ob ein Implantat wirksam war, das mein Erinnerungsvermögen an diesen „Außendienst" beeinträchtigte. Das Lernen hört wohl nie auf! Aber genau dadurch bleibt das Leben spannend.

Bitte vertrauen Sie darauf, dass auch Sie immer die notwendigen Hilfen erhalten werden, wenn es darum geht, etwas zu erkennen und aufzudecken. Auch wenn es manchmal etwas länger dauert.

Genau wie ich, stehen auch Sie unter allerhöchstem Göttlichen Schutz und es werden nur die Beeinträchtigungen und Herausforderungen zugelassen, zu deren Erfahrung sich Ihre Seele bereit erklärt hat und deren erfolgreiche Meisterung sie Ihnen zutraut!

Wie sagte Ashtar doch: *„Die Abenteuer gehen weiter. Freuen Sie sich drauf!“*

Kap. 65 Niemals aufgeben

(Christine)

Es scheint, dass ich Ihnen die unterschiedlichen Aspekte von Cyber-Manipulationen noch einmal sehr deutlich vor Augen führen soll. Gerade Sie als Friedens-Troubadoure, Sternenbotschafter und Lichtbringer der Neuen Zeit müssen wissen, womit Sie es zu tun haben und auf welche Weise bisher versucht wurde, Ihrer aller Licht zu verdunkeln und Ihre Bemühungen unwirksam zu machen!

Ashtar möchte Ihnen hier am Ende des Buches diese ganz klaren Hinweise zukommen lassen, damit Sie wissen, was gespielt wird und mit welchen Mitteln dunkle Kräfte versuchen, hinter den Kulissen weiterhin ihre dunklen Absichten zu schützen.

Keine Angst! Sie wissen doch: Das LICHT ist immer stärker als die Dunkelheit, und wir alle leben bereits in dieser wundervollen

Zeit des LICHTS, in der die Vorhänge der Manipulation und des Vergessens aufgezogen werden, um Klarheit zu bringen.

LICHT und LIEBE und die treue Absicht eines reinen Herzens, für GAIA und ihre Kinder HEILUNG zu bewirken und GOTT und GÖTTIN zu dienen, in Übereinstimmung mit SPIRIT und zum höchsten Wohle von AllemWasIst, sind die Instrumente, die Sie alle zur Verfügung haben und die es mutig, demütig und geduldig einzusetzen gilt.

Bitte denken Sie immer daran: Gerade dann, wenn es nicht weiterzugehen scheint und wenn Sie das Gefühl haben, alles falsch gemacht zu haben, sind dies die Anzeichen dafür, dass Sie kurz vor dem ZIEL sind.

Manchmal braucht es mehr Geduld und mehr Durchhaltevermögen, als uns lieb ist! Es geht nicht alles nach Plan, wenn man so wie wir mit Ashtar und der Galaktischen Föderation des Lichts zusammenarbeitet.

Vor allem geht nicht alles nach unserem Kopf und wie wir es uns vorstellen! Ich sage Ihnen das aus eigener Erfahrung. Gerade bei „Abenteuern mit den Sternen" gilt es, sich höheren Gesetzmäßigkeiten zu fügen und die stillen, aber sehr wirkungsvollen „Gezeiten" unserer planetarischen Teammitglieder zu beachten. *„Alles hat seine Zeit, alles braucht seine Zeit."* Wie heißt es so schön: *„Niemals aufgeben!"*

Kap: 66 Zu schön, um wahr zu sein

(Christine)

Ashtar bittet mich, Ihnen an dieser Stelle noch einmal die Hindernisse bewusst zu machen, mit denen versucht wird, Sie und die Ihnen anvertrauten Menschen noch in letzter Minute vom Weg abzubringen.

Unter **Cyber-Manipulation** verstehe ich die absichtlich in Gang gesetzte manipulative Beeinflussung der Wahrnehmung und der Handlungskompetenz anderer durch die Vorspiegelung einer virtuellen Realität.

Sie wirkt als Störfaktor zum Schaden anderer, um die eigenen Interessen bestmöglich zu schützen und zu verwirklichen.

Cyber-Manipulation kann auf vielfältige Weise eingesetzt werden und ist in der Lage, energetisch auf unterschiedlichste Bereiche des menschlichen Gehirns einzuwirken.

1. **Zur Beeinträchtigung der spontanen Wahrnehmung**
   - Verschleierung der Absichten und Ziele von Handlungen und deren Auswirkungen zum Vorteil einer Firma oder einer Person
   - Beeinträchtigung des räumlichen bzw. zeitlichen Orientierungsvermögens

2. **In Form einer Fehlsteuerung**
   - Beeinträchtigung des Erinnerungsvermögens
   - Überlagerung und Umprogrammierung der bewussten Wahrnehmung

3. **Durch Erzeugen einer manipulierten Wahrnehmung**
   - in Form von unrealistischen mentalen und emotionalen Eindrücken
   - in Form von fehlgesteuerten, unangemessenen Schlussfolgerungen

4. **Durch Hervorrufen gezielt gesteuerter Verhaltensweisen**
   - z.T. psychotischer, selbstschädigender Art
   - oder aggressiver Art zum Nachteil anderer

Je nach Größe und Bereich des manipulierten Zielobjektes unterscheide ich hierbei:

1. **Cyber-Feld**

   Hierbei handelt es sich um manipulative Besendung bzw. Beschallung eines größeren Zielgebietes, wie z.B. eines Kaufhauses, einer Stadt oder auch einer bestimmten Personengruppe, das in eine manipulative Gruppenenergie eingebunden wird.

   Vergleichsbild: ein überdachtes Fußballstadium

2. **Cyber-Helm**

   Für Einzelpersonen erfolgt die manipulative Besendung mithilfe eines abgeschlossenen Energiefeldes, das sich in Form eines Helmes um den Kopf dieser Person legt und durch Einspielen virtueller Bilder, Geräusche und Gedankenformen die gewünschte Wirkung auslöst.

   Vergleichsbild: ein „Astronautenhelm" oder ein umgedrehtes Goldfischglas

3. **Kombination mit programmierten Implantaten**

Es besteht die Möglichkeit, dass die manipulative Besendung durch ein Cyber-Feld mit der gezielten Berieselung durch Implantate kombiniert wurde.

Z.B. kann das Cyber-Feld vorzugsweise zur Verschleierung einer Situation eingesetzt werden, die ausschließlich auf den Bereich des betreffenden Objekts und seine Interessen bezogen ist,

das Implantat hingegen löscht bzw. verwirrt z.B. alles aus der Erinnerung, was in Zusammenhang mit dem Objekt oder der betreffenden Gegend wahrgenommen wurde.

Indikatoren für das Erkennen einer Cyber-Manipulation:

Die folgenden Anzeichen *können* auf das Vorliegen einer Cyber-Manipulation hinweisen, sind aber normalerweise auf andere Ursachen zurückzuführen:

- mehrfach wiederkehrende Beeinträchtigung der räumlichen/ zeitlichen Orientierung
- Verwirrtheit und Unfähigkeit, sich klar an Situationen und Erlebnisse zu erinnern
- untypische Verhaltensweisen, die nicht der eigenen Persönlichkeit entsprechen
- die offensichtlich unrealistische Einschätzung von Erlebnissen und Situationen
- übersteigertes / unangemessen aggressives bzw. regressives Verhalten
- das subjektive Gefühl, über bestimmte Sachverhalte oder Ereignisse nicht reden bzw. nichts mitteilen zu dürfen.

Für all diese Anzeichen kann erst dann einer Cyber-Manipulation als Ursache in Betracht gezogen werden, wenn es Anhaltspunkte dafür gibt, dass die beobachteten auffälligen Verhaltensweisen für eine andere Person oder Organisation von großem Nutzen zu sein scheinen.

Verhalten bei einer vorliegenden Cyber-Manipulation:
Zuständig sind in jedem Fall:

- Vater-Mutter GOTT
- Erzengel Michael
- Ashtar und die Galaktische Föderation des Lichts
- Erzengel Raphael
- die kosmischen Heiler-Ärzte von ARKTURUS
- und die Jenseitigen Ärzte vom Rat der Jenseitigen Ärzte

Im Gegensatz zu anderen energetisch-manipulativen Übergriffen gilt es hier,

- zuerst das entsprechende manipulative Objekt entfernen zu lassen
- und erst dann die manipulative Wirkung auflösen zu lassen.

Für das Entfernen des manipulativen Instrumentes sollten ausschließlich Erzengel Michael, Ashtar und die Galaktische Föderation des Lichts gerufen werden. Alle anderen genannten Instanzen sind für die Wiederherstellung der „unschuldigen Wahrnehmung" zuständig.

Bitte beachten Sie auch, dass das Erkennen einer solchen Cyber-Manipulation durchaus einen energetischen **Schock** für den Betreffenden darstellen kann. In diesem Fall sollten die Jenseitigen Ärzte auch um das Entkoppeln des Schocks und den Einsatz ihres Heilstrahles gebeten werden!

Ich möchte Ihnen noch einmal ausdrücklich versichern, dass die Geistige Welt und Ihre Seelenführung Sie niemals mit Aufgaben konfrontieren werden, für die Sie nicht ausgebildet bzw. nicht genügend qualifiziert sind!

Es ist mir auch sehr wichtig, Ihnen zu bestätigen, dass in unserer gegenwärtigen Zeit das Entfernen einer Cyber-Manipulation durch die Geistige Welt und die Galaktische Föderation des Lichts inzwischen zu den energetischen „Routine-Eingriffen" gehört.

Bitte überprüfen Sie jedoch in jedem Fall **die Frage der Zuständigkeit**, bevor Sie hier einen Hilfseinsatz in Gang setzen, und halten Sie **die Sicherheitshinweise** ein!

Für sich selbst dürfen und sollen Sie in jedem Fall sofort diese Manipulation beenden lassen.

Für alle anderen Personen, Orte, Bereiche ist in jedem Fall die Rücksprache mit Ihrer „Oberen Leitstelle" erforderlich. Wie in anderen Fällen auch, gilt auch hier das Gesetz des Freien Willens.

Kap. 67 Vertrauen ist besser

(Christine)

Als ich heute Morgen aufwachte, war ich, ehrlich gesagt, ziemlich frustriert – um nicht zu sagen: verzweifelt. Niemand gibt so etwas gerne zu, aber es wird Ihnen für Ihre eigene Arbeit beim Aufbau der Neuen Erde sicher weiterhelfen.

Sie haben beim Lesen meiner „Abenteuer" miterlebt, wie dieses Buch entstanden ist: meine Herausforderungen, meine eigenen

Überlegungen Sie haben die Wunder gesehen, die mir über den Weg liefen, und die Hilfen, mit denen mich meine „Obere Leitstelle“ in jeder schwierigen Situation unterstützte – und Sie haben gesehen, wie ich vor immer neue Herausforderungen gestellt wurde, gerade am Ende des Buches.

Aber zurück zum Thema: Als ich heute Morgen wach wurde, war da wieder das Gefühl von „Misserfolg“, von Frustration – und auch von Resignation! Ich gebe es ehrlich zu. Denn ich wusste nicht weiter.

Ich hatte mir das Ziel gesetzt, dieses Manuskript zu beenden – und dieses Ziel verschob sich immer weiter in die Ferne! Ich hatte keine Ahnung, wie es weitergehen sollte, was hier noch fehlte und wie alles zu einem guten Ende kommen sollte.

Genauer gesagt: Ich hatte das Vertrauen verloren, denn ich hatte die Kontrolle verloren! Das wird mir eben erst so richtig bewusst. Sie, als teilnehmende Beobachter meiner „Abenteuer“ – und das Entstehen dieses Buches gehört ganz gewiss dazu –, haben es sicher gleich gemerkt:

Wenn es darum geht, etwas „kontrollieren“ zu wollen, ist das immer ein deutliches Zeichen, dass da noch ein kleines oder größeres Ego mit im Spiel ist. *„Vertrauen ist gut, Kontrolle ist besser“*, sagte man früher.

Jetzt, in der Neuen Zeit des Lichts, ist es genau umgekehrt: Ohne Vertrauen geht es nicht! Und sobald man das Gefühl hat, etwas „kontrollieren“ zu müssen, ist man ganz gewiss vom göttlichen Weg abgekommen!

Es ist, wie es ist! Ich dachte nicht, dass mir so etwas noch einmal passieren würde – und doch scheint es ein „goldener Fehler“ gewesen zu sein, wie einer meiner Ausbilder es immer nannte.

Denn Sie spüren gewiss deutlich: Ich bin wieder im Fluss! Die Worte fließen wieder und der Download, das Herunterladen der Informationen, die hier für Sie noch wichtig zu sein scheinen, geschieht mühelos. Absichtslos und mühelos!

Wieder sind sie da, die inneren Bilder, die meine Worte begleiten, und ein Stück weit zumindest habe ich eine Ahnung, in welche Richtung es geht. Aber erst, nachdem ich an diesem so schwer auszuhaltenden Punkt des „Nicht-weiter-Wissens" angekommen war!

Im Augenblick gehört es einfach zum alltäglichen Hürdenlauf dazu: dieses „Nicht-weiter-Wissen", das Gefühl, alles falsch gemacht zu haben, vielleicht auch die Angst, sich zu blamieren, und die stille Verzweiflung, wenn die Frustrationstoleranz nicht ausreichte.

An die eigenen Grenzen zu stoßen, ist normal in Zeiten, wo sich die Koordinaten dessen, was „normal" ist, ständig verschieben!

Fast glaube ich, dass diese für mich so unangenehmen und schwer auszuhaltenden Erlebnisse mit zum Wichtigsten gehören, was ich Ihnen hier mitgeben kann. Dann soll es mir recht sein! Denn so kann ich wieder einen Sinn in diesen Erfahrungen erkennen.

Heute Morgen nun, als ich absolut nicht wusste, wie dieses Manuskript jemals zu einem guten Ende kommen sollte, und mir dieses „Unvermögen" auch deutlich bewusst wurde, musste ich mir eingestehen, dass ich mit meiner Weisheit am Ende war.

So ganz wach war ich noch nicht. All diese Gedanken und Empfindungen schwebten eher intuitiv in meinem Bewusstsein auf und nieder. Plötzlich war mir, als ob eine liebevolle Stimme, die ich so gut zu kennen schien, mir sanft und leise ein paar Sätze ins Ohr sagte.

Es waren die Worte eines alten Kirchenliedes, das ich sehr geliebt hatte. Meine Großeltern hatten es mir oft vorgesagt, als ich noch klein war, und auch ich hatte es auswendig gelernt:

„Mit Sorgen und mit Grämen
und mit selbsteig'ner Pein
lässt GOTT sich gar nichts nehmen,
es muss erbeten sein!"

Wieder und wieder wurden mir die Worte vorgesagt und ein tröstliches Erinnern an die Geborgenheit, die früher damit verbunden gewesen war, begann mich einzuhüllen. Kaum konnte ich unterscheiden, ob ich die Worte hörte oder dachte, und manchmal schien ich sie sogar mit meinen Inneren Augen von schwungvoll geschriebenen Zeilen abzulesen!

Eigentlich wusste ich das alles selbst. Bereits mehrfach hatte ich meine Himmlische Redaktion gebeten, mir weiterzuhelfen. Immer wieder hörte ich die letzten Zeilen des Liedes in meinem Ohr.

„Wenn ich doch nur das Buch von James Twyman hier hätte", kam es mir in den Sinn. Immer wieder hatte mich meine „Obere Leitstelle" damals während meiner USA-Reise gebeten, mein eigenes Manuskript zur Seite zu legen und mich stattdessen mit den *„Boten des Lichts"* zu verbinden. Bestimmt wäre dieses Buch für mich auch jetzt eine große Hilfe!

Aber wie es schien, brauchte ich gar nicht mehr darin zu lesen. Ich kannte es doch bereits! Wie von Zauberhand wurden meine Gedanken zurück gelenkt auf diese schöne Reise. Wieder sah ich die roten Felsen von Sedona und das kleine „Bed and Breakfast", in dem wir übernachtet hatten.

Ich erinnerte mich daran, wie ich dort während der Mittagspause auf dem Bett gelegen hatte und fasziniert den Abenteuern von James gefolgt war, der durch viel schwierigere Situationen geführt worden war. Bei ihm war es wirklich um Leben und Tod gegangen, damals, ganz am Ende seiner Geschichte.

Auch er hatte vor scheinbar unüberwindlichen Herausforderungen gestanden. Als Friedens-Troubadour war er gebeten worden, in Jugoslawien, wo Krieg, Zerstörung und Gewalt an der Tagesordnung waren, bei einem großen Konzert Friedensgebete verschiedener Religionen vorzutragen.

Von anderer Seite war ihm gedroht worden, dass man eines dieser Gebete nicht akzeptieren würde, und er war ernsthaft in Gefahr gewesen. Aber er hatte sich nicht abschrecken lassen! Mutig und konsequent war er seiner inneren Führung gefolgt und war bewahrt worden vor allem Schaden.

Da waren diese Versuche gewesen, ihn aufzuhalten und vom Weg abzubringen, und es hätte ihn mehrfach das Leben kosten können. Doch seine Innere Stimme riet ihm, was zu tun war, und er folgte ihr. Was für eine wunderbare Geschichte! Auch nach so langer Zeit hat sie mir für meine eigene schwierige Situation den Weg gewiesen, sodass ich wieder klar sehen kann.

Wir sind niemals alleine auf unserem Weg! Immer werden wir die Führung erhalten, wie es weitergehen soll! Sie wird rechtzeitig da sein – und wenn sie nicht da ist, ist es noch nicht an der Zeit! Ich hatte es einfach vergessen.

Ich hatte einfach vergessen, dass auch Moses damals den Ausweg erst in letzter Minute gezeigt bekam! Auch er, dessen Aufgabe es gewesen war, ein ganzes Volk gut und sicher in die Freiheit zu führen, war mehrfach in ausweglosen Situationen gewesen und immer hatte er die Hilfe erhalten, die ihm den Ausweg zeigte.

Sie und ich, auch wir sind gekommen, anderen den Weg zu weisen und sie sicher zu führen. Immer wird die Hilfe da sein! Vertrauen Sie darauf!

Kap. 68 Die heilsame Kraft der Veränderung

(Christine)

Liebe Leserin, lieber Leser,
so sehr wir uns alle auch auf diese Neue Zeit gefreut haben, auf die Zeit der Veränderung und des Neubeginns einer Welt des Lichtes und der Liebe – diese Veränderung wird nicht einfach sein für uns alle!

„Abenteuer“ sind nie einfach, sonst wären es keine Abenteuer! Sie als die herausragenden Führungspersönlichkeiten dieser Neuen Zeit werden besonders viel Durchhaltevermögen und Frustrationstoleranz benötigen. Mehr als Sie ahnen!

Denn Sie sind es, die auch hier wieder die Aufgabe haben, als Vorbild mit gutem Beispiel voranzugehen, indem Sie anderen den Weg bahnen! Ich kann Ihnen versichern: Ich weiß, wovon ich rede!

Für diese wundervolle und doch so herausfordernde Aufgabe als Friedens – Troubadoure und Sternenbotschafter möchte ich Sie an ein wichtiges Hilfsmittel erinnern: Es handelt sich um ein Gebet, dass Franz von Assisi zugeschrieben wird.

„Vater-Mutter GOTT, ich bitte dich:
Gib mir den MUT, die Dinge zu ändern,
die ich ändern kann,

die GELASSENHEIT, die Dinge hinzunehmen,
die ich nicht ändern kann,

und die WEISHEIT, das Eine
vom Anderen zu unterscheiden!“

Wann auch immer Sie nicht weiterwissen, wird Ihnen dieses Gebet den Weg weisen!

Es wird Ihnen Mut verleihen, wenn Sie ihn brauchen, Ihre Gelassenheit stärken, wenn nur dies eine schwierige Situation erträglich zu machen vermag, und Ihnen all die göttliche Weisheit schenken, die Sie benötigen auf Ihrem Weg, um andere sicher zu führen. Und Sie werden in FRIEDEN sein, was immer auch geschieht!

Es sind die Umwege – und nur die Umwege –, die uns ans ZIEL bringen! Das habe ich heute wieder erkannt. Ich möchte Sie darin bestärken, diesen „Umwegen" zu vertrauen. Denn nur so geht es voran.

Sie haben sich entschieden, eine herausragende Rolle zu spielen in einer ungewöhnlichen Zeit. Sie waren bereit, all Ihre Fähigkeiten dafür einzusetzen, das LICHT zu verbreiten, wo immer es auch nötig sein würde, und Sie haben sich bereit erklärt, die WAHRHEIT über unsere kosmischen Freunde und die galaktischen Familien des LICHTS öffentlich zu machen, wenn es an der Zeit ist.

Diese Zeit ist jetzt! Sie werden wissen, was zu tun ist! Ashtar und die Galaktische Föderation des Lichts zählen auf Sie!

Ihre Ausbildung wird weitergehen. Soviel ist sicher. Aber Sie alle, die Sie mir bis hierher bei meinen „Abenteuern mit den Sternen" gefolgt sind, haben genug gelernt, um jetzt Ihren Dienst anzutreten. Vertrauen Sie darauf!

Kap. 69 Zeit der Vollendung!

(Ashtar)

Geliebte Christine,
geliebte Sternenbotschafter und Friedens-Troubadoure,
Ashtar spricht.

Genau jetzt, wo Christine es nicht erwartet hat, ist es an der Zeit, unser neues gemeinsames Buch zu beenden! Stellvertretend für euch haben wir Christine auch dieses Mal durch die unterschiedlichsten Situationen und Herausforderungen geführt.

Wir haben sie neue Erfahrungen machen lassen, und sie hat neue Erkenntnisse für euch offengelegt, was noch alles „hinter den Kulissen“ der alten Welt wirksam ist und womit ihr rechnen müsst.

Wir haben ihre Frustrationstoleranz bis aufs Äußerste gefordert und ihren Mut und ihr Durchhaltevermögen bis an die Grenzen der Verzweiflung belastet. Und? Hat sie etwa aufgegeben? Im Gegenteil! All diese Erfahrungen haben ihre spirituellen, mentalen und emotionalen „Muskeln“ weiter trainiert und gestärkt.

Mit großem Mitgefühl haben wir mitangesehen, wie verzweifelt und mutlos sie manches Mal war, weil sie den Sinn der Schwierigkeiten nicht verstand. Doch verstehen kann man immer erst im Nachhinein. Und es wäre weder sinnvoll noch hilfreich für euch alle gewesen, wenn wir ihr dieses Abenteuer erleichtert hätten.

Natürlich wussten wir, was da gespielt wurde und welches die manipulativen Ursachen ihrer Blockaden waren, aber es ist nicht dasselbe, wenn wir euch davon aus übergeordneter Sicht berichten! Es ging, wie immer, um das Erleben und Erfahren aus menschlicher Sicht.

Nur Wissen, das mit Emotionen und Gefühlen verbunden ist, wird auf Dauer einen bleibenden Eindruck hinterlassen, sodass ihr euch im Bedarfsfall daran erinnern könnt.

Wir schätzen Christines authentische „Berichterstattung“ über alle Maßen! Gerade weil sie den Mut hat, auch zu Gefühlen der Mutlosigkeit und Verzweiflung zu stehen und scheinbare Misserfolge einzugestehen.

Genauso wie es ihr immer wieder geholfen hat, sich an die Erfahrungen zu erinnern, die James Twyman mit den „Boten des Lichts“ gemacht hat, wird es euch auf eurem persönlichen Weg helfen, euch an Christines „Abenteuer mit den Sternen“ zu erinnern.

Es sind die scheinbaren „Tiefen“, ohne die es nicht weitergeht, wenn man sich vorgenommen hat, höchste „Höhen“ zu erreichen und seine Gruppe gut und sicher zu führen.

Unser aller Segen ist mit euch und ihr seid niemals allein auf eurem Weg, auch wenn es vielleicht manchmal so aussieht!

Und all denen von euch, die sich gerade fragen mögen: *„Aber ich habe doch gar keine Gruppe! Ich wüsste nicht, wen ich da führen soll!“* Glaubt mir, meine Geliebten: Auch wenn ihr eure Gruppe nicht kennt, sie kennen euch sehr wohl!

Vielleicht ist es euch noch nicht bewusst, dass auch ihr ein Anführer seid für andere – aber wir sagen euch: Ihr alle, wirklich jeder von euch, der dieses Buch liest und die Begeisterung in seinem Herzen fühlt, die Christines und meine Worte bei euch hervorgerufen haben:

Ihr alle seid die Anführer der Neuen Zeit!
Ihr, die Sternenbotschafter, die Friedens- Troubadoure und die Heiler der Erde, seid gekommen, dieser Welt ein neues Gesicht zu geben.

Tretet hervor und seid die, die ihr in WAHRHEIT schon immer gewesen seid: KINDER GOTTES und der GÖTTIN, gekommen, diese Welt zu heilen! Eure Zeit ist jetzt!

In LIEBE und LICHT,
ICH BIN Ashtar,

und ich spreche hier für die Galaktische Föderation des Lichts, für die befreundeten Sternennationen und ganz besonders für eure galaktischen Familien! FRIEDE über alle Grenzen! Einer für alle, alle für Einen! Es sei!

Anhang

Entstehungsgeschichte

Liebe Leserin, lieber Leser,
ich liebe Abenteuer! Zumindest, solange sie überschaubar sind und es sichergestellt ist, dass sie gut ausgehen! Ich weiß: Abenteuer mit Ashtar und unseren kosmischen Freunden sind zwar nie überschaubar, verlaufen aber immer im abgesicherten Modus – wenn man sich an die Regeln hält und seiner Inneren Stimme vertraut.

Als ich am 23. März 2016 das Flugzeug bestieg, um zu einem neuen Außendienst in die USA aufzubrechen, hatte ich ein „Abenteuer" gerade hinter mich gebracht: Es handelte sich um mein zweites Seminar für Erdheilung, das wenige Tage zuvor zusammen mit Ashtar und der Galaktischen Föderation des Lichts stattgefunden hatte.

Am Abend vor der Abreise hatte ich noch einmal im Internet nach den neuesten Nachrichten geschaut und dabei einen längeren Beitrag zu verschiedenen „außerirdischen Rassen" gefunden. Klar, dass mich diese Informationen interessierten!

Aber es war seltsam gewesen: Auch wenn ich liebend gerne mehr darüber erfahren hätte, – irgendetwas hinderte mich daran, weiter zu lesen, und es hieß: *„Nein! Nicht für dich!"*

Ichahnte, dass meine „Obere Leitstelle" es nicht gerne sieht, wenn ich mich im Internet über Themen informiere, die sie mir lieber selber erklären will.

Bereits am nächsten Tag, noch in der Abflughalle des Frankfurter Flughafens, meldete sich Ashtar, um mir zu sagen, dass die Galaktische Föderation des Lichts ein weiteres Buch mit mir zu schreiben beabsichtigte.

Ashtar nannte mir den von ihm gewünschten Titel und Untertitel und bestätigte meine Vermutung, dass der Text, den ich da im Internet gefunden hatte, Fehlinformationen enthielt – auch wenn unsere kosmischen Freunde die Absicht derVerfasser, über die Existenz von außerirdischem Leben zu berichten, sehr begrüßten.

Direkt danach begann er, mir seinen ersten Text *„Startklar für das Familientreffen“* durchzugeben. Damals hielt ich diesen Text für das erste Kapitel. Ashtar hatte mir versprochen, alle Texte der Reihe nach zu diktieren – und die nächsten fünf Kapitel folgten noch am gleichen Tag. Mir war bewusst, dass ich im Anschluss daran von meiner Einladung berichten sollte, die am Tag nach unserem gemeinsamen Seminar stattgefunden hatte.

Alle weiteren Texte von Ashtar, ebenso wie meine eigenen Erlebnisse, haben sich nacheinander so ergeben, wie ich sie im Buch geschildert habe. In den folgenden drei Wochen meiner Reise entstanden so weitere dreißig Kapitel.

Nach meiner Rückkehr Mitte April 2016 war zunächst keine Zeit, mich weiter mit dem Manuskript zu beschäftigen. Das nächste Seminar („*Updates für die Heiler*“), das für den 24. Mai 2016 geplant war, wollte vorbereitet werden.

Erst kurz vor Pfingsten ergaben sich weitere Texte. Durch sie wollte Ashtar die sehr hohen kosmischen Energien dieser Tage in das entstehende Manuskript einbinden. Alle Informationen von ihm wurden, wie immer, von inneren Bildern begleitet, besonders die „Vorstellungsrunde“, in der er die Sternenheimat seiner Crew-Mitglieder beschreibt.

Inzwischen hatte ich verstanden, dass es nicht einfach um Informationen zu kosmischen Freunden ging, sondern dass Ashtar mit diesem Buch einen sehr dringenden neuen Arbeitsauftrag für sein Bodenpersonal verband: Es ging um die Ausbildung der „Sternenbotschafter“.

Ich erkannte, dass Ashtar von mir einführende Worte *„An die Sternenbotschafter“* erwartete. Gesagt hatte er es mir so nicht, ich wusste es einfach. Die entsprechenden Texte entstanden mit einer Leichtigkeit, die sogar mich verwunderte. Dass sie den ersten Teil des Buches bilden sollten, war klar!

Also verschoben sich alle bisher geschriebenen Kapitel nach hinten. All das fühlte sich für mich stimmig an. Bisher hatte es immer ein Vorwort von Ashtar gegeben, diesmal ließ es auf sich warten. Erst Anfang Juni 2016 war es soweit. Zwei Tage später ergab sich mein eigenes Vorwort *„Gebrauchsanleitung für Abenteurer"*, das ich Ashtars Worten voranstellen sollte.

Jetzt ging es noch darum, die Texte in Gruppen zusammenzufassen. Wie, durfte ich wieder einmal selbst herausfinden. Geholfen hat mir hierbei das von Ashtar vorgegebene „Rahmenthema" einer Einladung.

Obwohl das Manuskript bereits mehrfach abgeschlossen schien, entstanden bei einem weiteren Außendienst völlig überraschend vier weitere Kapitel. Sie bilden entsprechend ihrem sehr speziellen Inhalt Teil 6: *„Sondermeldung"*. Ashtar nützt eben jede Gelegenheit, Sie, liebe Leser, zu informieren und mit den neuesten Erkenntnissen vertraut zu machen!

Dass noch weitere Texte folgen sollten, ahnte ich nicht. Aber immer wieder kamen mir die Worte *„hinter den Kulissen"* in den Sinn. Zunächst hielt ich sie für die Überschrift der Entstehungsgeschichte. Aber irgendetwas passte nicht.

Wie schwierig sich die darauffolgenden Wochen erweisen sollten, war auch diesmal kein Zufall. Genau diese Erfahrungen sollen die Leser ermutigen, ihrem Weg unbeirrt zu folgen. Erst an der Botschaft von Ashtar *„Zeit der Vollendung"* erkannte ich, dass das Manuskript hiermit abgeschlossen war.

Mit herzlichen Grüßen,
Christine Stark

Quellenhinweise

Hier zunächst meine drei eigenen Bücher, die bereits zusammen mit der Galaktischen Föderation des Lichts entstanden sind und auf die im Text immer wieder Bezug genommen wird:

„Buch1“: ***„Erste Hilfe“ für GAIA und ihre Kinder*** – **Band 1**
- Hinweise und Anleitungen für den Aufbau der Neuen Erde –
Die Galaktische Föderation des Lichts und Christine Stark, Verlag EFT Edition

„Buch2“: ***„Erste Hilfe“ für Lichtarbeiter***
- Hinweise und Anleitungen für die energetische Reinigung und Instandsetzung der SEELE –
Die Galaktische Föderation des Lichts und Christine Stark, Verlag EFT Edition

„Buch3“: ***„Erste Hilfe“ für GAIA und ihre Kinder*** – **Band 2**
- Praktische Anleitungen zur Heilung der Erde –
Die Galaktische Föderation des Lichts und Christine Stark, Verlag EFT Edition

Folgende Bücher haben die Entstehung dieses Manuskriptes flankierend begleitet:

- **„Die Boten des Lichts“,** James, F. Twyman, Heyne Millennium
- **„Ein Kurs in Wundern“**, Greuthof Verlag

Des Weiteren wurden als Hintergrundlektüre erwähnt:
„Boten des neuen Morgen – Lehren von den Plejaden“, Schirner TB,
Hierbei handelt es sich um die mehrfach im Buch angesprochenen Informationen der PLEJADIER, die bereits sehr früh durch Barbara Marciniak übermittelt wurden.

E.T. 101. Die Kosmische Bedienungsanleitung zur planetaren Evolution. Vereinfachte Notausgabe Erde. Ein Gemeinschaftswerk von. Mission Control und Zoev ...
Dieses wundervolle Büchlein kann inzwischen als PDF heruntergeladen werden, z.B. bei http://www.vielewelten.at/pdf/et101.pdf .

Auch wenn mir die Botschaften von Ashtar wörtlich so übermittelt wurden, wird doch hierin, ebenso wie in meinen eigenen Texten, des Öfteren auf Informationen und Zitate Bezug genommen, die ich aus anderen Quellen kenne:

„Unschuldige Wahrnehmung"
Diesen Begriff verwendet Jesus in seinen Botschaften an Glenda Green in ihrem Buch *„Unendliche Liebe – Jesus spricht"*, Koha Verlag

„Kristalline Kernmacht"
Hierbei handelt es sich um einen Begriff, der im Juli/ August 2014 von Celia Fenn in einer Botschaft von Erzengel Michael verwendet wurde. Ich habe ihn damals in der deutschen Übersetzung bei http://www.torindiegalaxien.de/eem12/07-08-14energie.html kennengelernt.

„Mein Großer Goldener Engel, der ICH BIN",
Dieser Ausdruck für das Hohe Selbst wird von Kryon in vielen Texten verwendet, die er durch Lee Caroll gegeben hat. Meine deutschsprachigen Ausgaben seiner Bücher stammen aus dem Ostergaard Verlag.

Die Elohim der Gnade und der Silberne Strahl der Gnade
Dieses Gebet zur Löschung alter Erinnerungen aus dem Zellgedächtnis kenne ich aus dem Heft *„Der Lichtkörper"* von Reindjen Anselmi, Assunta Verlag, S. 53 u. 54.

„Das Entkoppeln von Traumata" und der „Rat der Jenseitigen Ärzte"
Die ersten Informationen hierzu kenne ich auf der bewussten Ebene aus dem Buch *„Eine neue Wahrheit aus der jenseitigen Welt"* von Vera Schulze-Brockamp, Frieding Verlag. Hierin wird auch der „Heilstrahl" der jenseitigen Ärzte erwähnt, der mit dieser Methode kombiniert wird.

Die Sätze „***Ich wähle FRIEDEN, ich wähle LIEBE!***“ und „***Wunder werden im LICHT gesehen – und LICHT und STÄRKE sind eins!***“ stammen aus *„Ein Kurs in Wundern“*, Greuthof Verlag.

„Ich segne die Situation und nenne sie gut...!“
Diesen Segen habe ich in dem Buch *„Ihr Weg in ein beglückendes Leben“* von Catherine Ponder, Ullstein TB, kennengelernt.

Bei den von mir erwähnten „**Meisterkarten**“ handelt es sich um **„***Die Gegenwart der Meister“* von Jeanne Ruland, Schirner Verlag.

Verschiedene energetische Hilfen, wie z.B. das Reinigen der Chakren durch die Erzengel, kenne ich aus *„Das Erzengel-Therapie-Orakel“* von Doreen Virtue, Allegria Verlag.

Weitere Hilfen der Erzengel lernte ich in *„Das Erzengel Orakel“* von Doreen Virtue, Allegria Verlag, kennen.

Bei dem von mir erwähnten „**Drachen Orakel“** handelt es sich um *„Drachen Weisheit“*, von Christine Arana Fader, Schirner Verlag.

Das Krafttier Orakel von Jeanne Ruland wurde ebenfalls im Schirner Verlag veröffentlicht.

Das **Gebet um Mut und Gelassenheit**, das Franz von Assisi zugeschrieben wird, wurde durch den Autor Reinhold Niebuhr bekannt.

„Ins Wasser fällt ein Stein“

Der Text dieses Kirchenliedes stammt von Manfred Siebold.

Die von mir zitierte Strophe *„Mit Sorgen und mit Grämen* “gehört zu dem bekannten Kirchenlied „***Befiehl du deine Wege...!“*** von Paul Gerhard.

Den Begriff **„Friedens –Troubadour**“ lernte ich in dem Buch *„Boten des Lichts“* von James F. Twyman, Heyne Millennium kennen.

Über die Autorin

Christine Stark, geb. 1952, hat zunächst Mathematik und ev. Theologie studiert und danach als Lehrerin gearbeitet. Seit 2003 ist sie Heilpraktikerin für Psychotherapie in eigener Praxis und unterstützt Menschen im erfolgreichen Umgang mit ihren sensitiven Fähigkeiten.

In Seminaren, mit ihren Veröffentlichungen und in telefonischen Beratungsgesprächen gibt sie ihre Erfahrungen und ihr Wissen als Hochsensitive, Heilerin und spirituelle Lehrerin weiter. Christine Stark ist verheiratet und hat zwei erwachsene Kinder.

Kontakt: www.christine-stark. de

Die Intergalaktische Friedensmission
Band 1

Vywamus/Petronella Tiller
Die Intergalaktische Friedensmission 2012 · Bd. 1
ISBN 978-3-89568-222-3 / Pb. / 208 Seiten / € 16,90

Damit die Erde und die Menschheit 2012 endgültig aufsteigen und eine Welt der Freiheit und des Friedens entstehen kann, bedarf es noch der Aufarbeitung von Ereignissen und Schlüssen, die im menschlichen Bewusstsein daraus gezogen worden sind. Das Alte muss bereinigt sein, damit das Neue kommen kann.

Vywamus bietet mit diesem Buch seine Hilfe speziell bei der Auflösung derjenigen Gedankenmuster an, die mit Außerirdischen zu tun haben - ein Thema, das, wie wir alle wissen, sehr kontrovers ist. Doch steht es jetzt dringend zu seiner Aufarbeitung an. Alle Ängste, alle Befürchtungen dieser Art müssen aus dem Bewusstsein der Menschen getilgt sein bis 2012, damit die Erde unangreifbar ist und ihren neuen Status als Stern einnehmen kann.

Die Intergalaktische Friedensmission ist ein Gremium, ein Zusammenschluss aller friedliebenden Zivilisationen in den Galaxien, die bemüht ist, ein Netzwerk des Lichtes und der Verständigung über alle Grenzen hinweg auszubreiten. Mit großer Vorfreude wird die Erde in diesem Kreis erwartet, und Mithilfe von dort bei unserem Aufstieg wird uns angeboten.

Und wie immer, wenn sich das Bewusstsein wieder einen Schritt ausweitet, erkennt man ein wenig mehr vom großen Zusammenhang, der zwischen allem besteht. Und so werden wir jetzt erfahren, dass wir nicht alleine sind im Universum: die Freunde aus dem All erwarten uns.

Die Intergalaktische Friedensmission Band 2

Vywamus/Petronella Tiller
Die Intergalaktische Friedensmission 2012 · Bd. 2
ISBN 978-3-89568-229-2 / Pb. / 236 Seiten / € 18,00

Als es 2010 Zeit war, Band 1 der Intergalaktischen Friedensmission abzuschließen und zu veröffentlichen, da standen noch viele Freunde und Mitarbeiter der Föderation in der Warteschlange, um sich zu Wort zu melden - darunter auch Ashtar, Meister Saint Germain, Lady Portia, Maitreya, Jesus und Metatron.

Nun gibt ihnen Vywamus in diesem 2. Band die Gelegenheit dazu. Die Friedensbotschaft, die Jesus für uns hat, ist herzergreifend. Alle sind bemüht, uns unser wahres Selbst näherzubringen, weil wir es als Grundlage für unsere neue Mitgliedschaft in der Friedensmission brauchen werden. Dieses gesunde Selbstbewusstsein ist die Basis für unseren Aufstieg und unsere kommende Schöpfertätigkeit.

Deshalb geht es in diesem Buch auch um die Heilung alter Wunden, die uns noch daran hindern. Eine intergalaktisch tätige Frauenärztin nimmt sich speziell der verletzten Weiblichkeit an. Sehr interessant ist, dass sich auch ein hochrangiges weibliches Mitglied der dunklen Bruderschaft, Lady Lydia, zu Wort meldet und Einblick in die verdunkelte Psyche gewährt, was ebenfalls Heilung durch Verständnis in uns hervorrufen kann. Natürlich ist auch wieder die Engelwelt zugegen mit Namen, die wir kennen und solchen, die noch neu für uns sind, weil sie sich erst jetzt zum Aufstieg zu uns gesellen.

Vywamus koordiniert und leitet das alles, spricht auch in eigener Sache und nimmt uns wieder mit auf Reisen in Welten, die unseren Horizont erweitern. Wieder also ein vielseitiges und bewusstseinserweiterndes Buch, das gerade zur rechten Zeit kommt.

Die mythische Vergangenheit

Saint Germain/Petronella Tiller

Atlantis - Geschichte, Absicht und Auswirkung auf die menschliche Rasse

ISBN 978-3-89568-227-8 / Pb. / 248 Seiten / € 19,80

Die Faszination, die Atlantis seit urdenklichen Zeiten auf die Menschheit ausübt, ist bis heute ungebrochen. Obwohl wissenschaftlich noch immer nicht bewiesen, weiß doch tief im Innern jeder, dass es diesen Kontinent gegeben hat und dass er das Schönste war, was jemals auf dieser Erde existiert hat. Türkisfarbenes, kristallklares Wasser, weiße Marmorpaläste und Gold, das in der Sonne glänzt - das sind die Bilder, die vor dem inneren Auge aufsteigen - und dann diese Trauer, dass dieser schöne Traum unwiederbringlich verloren scheint, der doch so lebendig im kollektiven Gedächtnis der Menschheit weiterlebt! Mit diesem Buch stillt Meister St. Germain unsere Sehnsucht und das Verlangen, wissen zu wollen, was damals wirklich geschah. In den Annalen der Weltgeschichte, der sogen. Akasha-Chronik, ist alles aufgezeichnet, was je geschah, und so erfahren wir auf diesen Seiten, wie Atlantis entstand, zu welchem Zweck es geschaffen wurde, wer die „tragenden Säulen“ jener Gesellschaft waren, wie das Licht und die Dunkelheit um die Vorherrschaft miteinander stritten, wie scheinbar die Dunkelheit siegte und - was wir alle damit zu tun haben. Nach Jahrtausenden einer Entwicklung sind wir in unseren intellektuellen Errungenschaften wieder so weit wie damals in Atlantis. Und deshalb können wir auch wieder in dieselben Fallen tappen wie damals - als Beispiel erwähnt sei nur die aktuelle Genmanipulation. Auf dem Weg zur Selbstermächtigung, den wir gerade beschreiten, begegnet uns wieder die Macht, die wir schon einmal in Atlantis hatten, und der Missbrauch, den wir damals damit getrieben haben, der dieses herrliche Land unter den Fluten des Atlantik begrub. Wir alle tragen ein Problem der Macht - oder der Ohnmacht - aus atlantischen Zeiten mit uns. Bei unserem erneuten Versuch, die uns von Gott gegebene Macht wieder anzunehmen, ist es dringend notwendig, dieses Problem zu lösen. Deshalb unsere Faszination von Atlantis - und deshalb dieses Buch!

Saint Germain und Vywamus/Petronella Tiller

Lemuria die Tränen der Götter

ISBN 978-3-89568-257-5 / Pb. / 270 Seiten / € 21,00

Wann immer es Meister Saint Germain für nötig hält, ein neues Buch zu schreiben, können wir sicher sein, dass es höchste Zeit für uns ist, dessen Inhalt zu erfahren. Und so geht es diesmal um Lemuria - dieses goldene Land, das im kollektiven Menschheitsgedächtnis als das frühe Paradies fortlebt, aus dem der Mensch vertrieben wurde. Noch bevor Atlantis war, war Lemuria. Ein Garten Eden, von den Göttern als „Wohnraum" für die Kinder Gottes - die Menschen - erschaffen, in dem sie sich entfalten und erblühen sollten. Doch wie die Entwicklung voranschritt, sich die Dualität verstärkte und das Bewusstsein von der Einheit verlorenging, zeigte sich mehr und mehr, dass es in der Psyche des Menschen Anteile gab, die nicht dem Licht zugewandt waren und andere Ziele verfolgten. Die einen hielten sich für besser als die anderen. Darüber weinten die Götter.

Wie das Unheil seinen Lauf nahm, beschreibt Meister Saint Germain hier im Einzelnen, wie Stolz und Hochmut die natürliche Demut und Liebe für alles Leben zunehmend überwucherten und schließlich zum Untergang Lemurias führten und die Menschheit dazu zwangen, einen langen, weiten Umweg zu ihrem lichten Ziel zu nehmen. Nach Atlantis und dem Neuanfang vor 12.000 Jahren sind wir heute endlich an dem Punkt angelangt, wo wir uns an unser lemurisches Erbe erinnern und es bewusst annehmen können. Saint Germain erzählt uns das alles, um die Wunden zu heilen, die uns jener frühe Stolz geschlagen hat. Und so ist dieses Buch auch ein Buch der Heilung - uns dargebracht von dem liebenden Meister der Barmherzigkeit.ebenfalls Heilung durch Verständnis in uns hervorrufen kann. Natürlich ist auch wieder die Engelwelt zugegen mit Namen, die wir kennen und solchen, die noch neu für uns sind, weil sie sich erst jetzt zum Aufstieg zu uns gesellen.

Vywamus koordiniert und leitet das alles, spricht auch in eigener Sache und nimmt uns wieder mit auf Reisen in Welten, die unseren Horizont erweitern. Wieder also ein vielseitiges und bewusstseinserweiterndes Buch, das gerade zur rechten Zeit kommt.